お経の意味がやさしくわかる本

各宗派の「経」は、どんな教えを説いているか

Suzuki Eijyo
鈴木永城

KAWADE夢新書

仏事でとなえられる「お経」には、今を生き抜く智慧がある――まえがき

私の寺では、本堂での法事や坐禅会《ざぜんかい》、研修会のときには、かならず参加（参列）者とともに『般若心経《はんにゃしんぎょう》』を読誦《どくじゅ》することにしている。備えつけの経本《きょうほん》だが、欲しいという人にはさしあげてきたので、やがて底をついてしまった。

そんなおり、かれこれ一〇年前になるが、ある檀家《だんか》からの布施《ふせ》を、三〇〇冊の経本にかえて奉納してもらった。それがいまでは残りわずかに四〇冊。そこで、やむなく注文をだしたところである。

大事にさえしてくれれば、減ることなどさほど苦にならない。むしろ仏縁《ぶつえん》が深まる基になるのだから、ありがたいことではないかと思っている。

察するところ、ただとなえるだけといった漠然とした行為であっても、お経には、人を本来の心に立ち返らせる功徳力《くどくりき》がそなわっているに相違ない。読経《どきょう》の後の清々《すがすが》しさが「いただいていいですか」になるのだろう。

それにしても人々は、口をそろえて「お経は難しい」という。意味はもちろんだが、となえ方も難しい、といった反応がかえってくる。

私たち仏教情報センターでは、「仏教テレフォン相談」を開設している。各派の僧侶が交代で電話による無料相談を受けつけているのだが、その中にも、「葬儀でとなえられているお経の意味がわからない」「家の仏壇で毎朝となえているお経の意味が知りたい」「仏典を勉強しはじめたが、語句の意味を知りたくなった」といった質問、相談が、老若男女《ろうにゃくなんにょ》を問わず、かなりある。

たしかに、葬儀、法事で、僧侶の読経を聞く機会はあっても、多くは漢字の、それもほとんど棒読みで、なかには何語とも知れない「秘密の言葉」（真言《しんごん》・呪《しゅ》）もあるから、チンプンカンプンはいたしかたあるまい。

あるとき若い人に「お坊さんって、すごい。なぜって、あんな長くて難しいものをソラで読めるんだから」と、妙なほめちぎりをされ、苦笑したことがあった。

僧侶にかぎった能力などではない。何事もそうだろう。日常のくりかえしが、いつのまにか記憶や技量をたしかなものとしてゆく。さらに中身をほりさげるにしたがい、すこしずつ意味の深みや広がりに目覚めてゆく。そうしたものなのである。

ただ、留意したい点は、お経は「故人の冥福《めいふく》を祈る儀礼的なもの」と誤解している人があまりにも多いことだ。本質を棚上げにしてしまっては、真実は伝わりようもなく、得られるはずもない。「仏《ほとけ》作《つく》って魂《たましい》入れず」になりかねない。

そこで一般の人々を対象に、釈尊が心血をそそぎ、骨髄《こつずい》として示された「お経とは何か」を知る、身近な入門の書として、この一冊をまとめてみた。参考に供したいと思う。

生老病死《しょうろうびょうし》する人生に、あらゆる慈悲と智慧《ちえ》を授けてくれる宝庫・法蔵《ほうぞう》、それがお経である。その扉を開くのは、ほかならぬあなたなのだが、その功徳はけっしてあなただけの道しるべでは終わらない。「存亡《そんもう》ひとしく（生者・死者ともに）救われる」とは、そのことを示している。

鈴木永城

お経の意味がやさしくわかる本／もくじ

装幀◉こやまたかこ

本文イラスト◉所ゆきよし

プロローグ●お経とは何か

●お経はどのような経緯で生まれたのか

「お経」とは何か。これを一言でいえば、「仏の説いた教えを書き記したもの」ということになる。

仏教の創始者である釈尊《しゃくそん》（釈迦牟尼仏《しゃかむにぶつ》）は、いまから約二五〇〇年ほど前、北インドのカピラ国（現在のネパール領内で、インドと国境を接している地域）の王子として生まれた。そして、四苦《しく》といわれる「生老病死《しょうろうびょうし》」をはじめ、さまざまな苦しみや悩みから人間を救いたいと決意、二九歳で出家した。

その後、六年もの間、難行苦行といわれる厳しい修行を積み重ねた。しかし肉体を苦しめるだけでは真の悟りは得られないと実感し、そうした苦行法を捨て去りブッダガヤの菩《ぼ》提樹《だいじゅ》の下で瞑想《めいそう》に入り、ついに大いなる悟りを得たといわれている。そこで、「悟りを得た者」とか「真理に目覚めた人」という意味で、仏陀《ぶつだ》とか釈尊と呼ばれるのである。

三五歳で悟りを開いた釈尊は、入滅《にゅうめつ》（聖者が亡くなるという意）する八〇歳までインド各地をめぐり歩き、人々のために教えを説いていった。このように、釈尊がさまざまな地で、さまざまな人たちに説法したものが、お経となったのである。

釈尊が亡くなったあと、弟子たちはその教えを口から口へと伝承していった。しかし、そうして語り継いでいくうちに内容が変わってしまう恐れがある。そこで、釈尊が亡くなって一年ほどのちに、阿難《あなん》や迦葉《かしょう》といった弟子たちが経典の編纂《へんさん》会議をおこなった。

お経の冒頭には、よく「如是我聞《にょぜがもん》」という言葉が出てくるが、これは編纂会議の席上で弟子が「このように私は聞きました」と釈尊の教えを述べたことに由来する。ほかの弟子たちも「そのとおりである」と承認したものが、お経としてまとめられたのである。これが「結集《けつじゅう》」といわれるもので、その後、三〇〇年ほどの間に三回おこなわれたといわれている。

●お経にはどんなものがあるのか

最初にまとめられたとされるお経が『阿含経《あごんきょう》』であり、これが小乗仏教の経典となった。それに対して、西暦紀元前後の頃から大乗仏教が起こり、多くの大乗経典がつくられるようになったのである。

大乗経典では、まず『般若経《はんにゃきょう》』がつくられ、つづいて『法華経《ほけきょう》』『維摩経《ゆいまぎょう》』『阿弥陀経《あみだきょう》』『華厳経《けごんぎょう》』『涅槃経《ねはんぎょう》』『楞伽経《りょうがきょう》』などがつくられ、紀元六世紀頃に密教のお経である『大日経《だいにちきょう》』や『金剛頂経《こんごうちょうぎょう》』などがつくられた。

こうした大乗仏教のお経に対して、小乗仏教の側から、そうしたものは仏が説いた教えではないといった非難が起こった。しかし大乗仏教を支援する僧侶は、出家・在家の区別なく、あるいは男女の差別なく救われる大乗仏教こそ釈尊の教えの真理にかなったものであり、優れていると主張したのである。

小乗と大乗の違いは何かといえば、文字どおり小乗とは小さな乗り物、大乗は大きな乗り物である。つまり、小乗仏教とは、出家して厳しい修行を乗り越えた者だけが悟りを開くことができるという教えであり、それに対して大乗仏教は、どんな人でも悟りに至らせる大きな乗り物だというのである。

また、釈尊のとらえ方も小乗仏教では、仏＝釈尊であって、仏の教え＝釈尊の教えなのだが、大乗仏教では仏＝仏陀は超越的な存在であり、その仏陀の化身としてこの世に出現したのが釈尊であるとしている。

日本の仏教のおもな宗派

系統	宗派	宗祖	総本山	本尊	主な所依経典
天台宗	天台宗	最澄	比叡山 延暦寺	釈迦牟尼仏	法華経
真言宗	高野山 真言宗	空海	金剛峯寺	大日如来	大日経 金剛頂経
	真言宗 智山派	空海	智積院	大日如来	大日経 金剛頂経
	真言宗 豊山派	空海	長谷寺	大日如来	大日経 金剛頂経
浄土系	浄土宗	法然	知恩院	阿弥陀如来	浄土三部経
	浄土真 宗本願 寺派	親鸞	西本願寺	阿弥陀如来	浄土三部経
	真宗 大谷派	親鸞	東本願寺	阿弥陀如来	浄土三部経
禅系	臨済宗 15派	栄西	建仁寺など	釈迦牟尼如来	所依経典なし
	曹洞宗	道元	永平寺 総持寺	釈迦牟尼如来	所依経典なし
日蓮系	日蓮宗	日蓮	身延山久遠寺	釈迦牟尼仏	法華経

こうして、後世に成立した経典でも仏の真理を説いたものはお経（経）とされ、さらに、修行僧として守るべき戒律を説いたもの（律）や、菩薩《ぼさつ》や高僧が書いた教理の註釈書（論）もお経に加えられるようになった。

この経、律、論を「三蔵《さんぞう》」という。蔵とは「入れ物」のことで、経、律、論をしまっておく入れ物という意味である。三蔵のほかに中国の高僧などが書いた仏教書が加えられて一切経《いっさいきょう》が成立し、『大蔵経《だいぞうきょう》』と呼ばれるようになった。

現在、日本でもっとも多く利用されているのが、大正末期から昭和初期にかけて編纂された『大正新脩《しんしゅう》大蔵経』である。そのほか、道元《どうげん》禅師の『正法眼蔵《しょうぼうげんぞう》』から抜粋《ばっすい》した『修《しゅ》証義《しょうぎ》』や親鸞《しんらん》聖人の『正信偈《しょうしんげ》』など日本の仏教各宗派の宗祖や高祖の説示した著作も同様にお経といっている。

このように、お経は「八万法蔵」とか、「八万四千《しせん》の法門」といわれるように、膨大になっていったのである。〝八万〟とは多数・無数をあらわす言葉であり、それほどたくさんあるという意味である。

したがって、仏教には、キリスト教の『聖書』や、イスラム教の『コーラン』のように唯一の聖典という限定されたものはない。

●お経の中身はどんな話なのか

それでは、そのお経には何が説かれているのだろうか。一般の人たちがお経に接する機会といえば、葬儀や法事のときがほとんどではないだろうか。

しかし、僧侶の読経《どきょう》を聞いていても、音読みがほとんどであり、しかも、現代の音読みとは違った漢音などの読み方をするものもあるので、その意味を理解することは難しい。また、密教ではサンスクリットの語（梵字《ぼんじ》）を読むこともあるので、なおさらわからない。

また、葬儀や法事の場でしかお経を聞いたり見たりする機会がない人は、お経とは死者の冥福を祈るために読むものだと思っている人も少なくないだろう。

もちろん、死者に対する回向《えこう》（供養）という意味もあるが、お経に説かれていることは人間としての本当のあり方、生き方についての指針なのである。この世に人として生を受け、その生をどうやって全《まっと》うするかを教示してくれているのである。

仏教の究極は、成仏することにある。もともと成仏とは死んだあとに仏になるという意味ではない。釈尊は、すべてのものには仏となる性質、すなわち仏性《ぶっしょう》があると説いている。自分の身にそなわっている仏性に目覚め、悩みや苦しみを乗り越えて生き生きとした生き方をする。そうした生き方そのものが、いわゆる〝成仏《じょうぶつ》〟という状態なのである。

自分の可能性を大いに発揮して自己実現をはかるだけでなく、他人や社会のために自分のできることをしていく――、こうした生き方を求めていきなさいと釈尊はいっているのである。

お経のすばらしいところは、説法を聞く人の機根《きこん》(その人のおかれた環境や人生観、知識の程度など)に合わせて、あるときは身近なたとえ話を用いたり、インテリには理論的に語るといった縦横無尽《じゆうおうむじん》さがある点である。釈尊自身が人間として苦悩し、それを克服し、すべての人を救おう、成仏させようと教え導いてくれた大慈悲のあらわれであるといっていい。

そして、数多くのお経がある背景には、さまざまの人を悟りの世界に誘うために、さまざまな道(すなわち教え)を示したということがあるのである。

念仏・題目の意味

「南無阿弥陀仏」「南無妙法蓮華経」ほか

●念仏・題目とは何か

日々のおつとめや葬儀、法事などのとき、お経の前後や途中でとなえる言葉がある。

それが、名号《みょうごう》、題号、聖号《しょうごう》、宝号《ほうごう》であり、念仏や題目、本尊唱名《しょうみょう》などといわれるものである。

禅宗では「南無本師釈迦牟尼仏《なむほんししゃかむにぶつ》」、天台宗では「南無根本伝教大師《こんぽんでんぎょうだいし》」、真言宗では「南無大師遍照金剛《だいしへんじょうこんごう》」だが、釈迦牟尼仏は仏教の開祖である釈迦のことであり、根本伝教大師とは日本天台宗の開祖・伝教大師最澄《さいちょう》、大師遍照金剛とは真言宗の開祖・弘法《こうぼう》大師空海《くうかい》のことである。

したがって、南無本師釈迦牟尼仏とか南無根本伝教大師、南無大師遍照金剛とは、いずれも仏祖や宗祖を敬う言葉なのである。

「南無」とは、帰依《きえ》・帰命《きみょう》・恭敬《くぎょう》・信従などという意味で、対象、つまり、仏祖を心から信じ、自分の命を帰す（投げ出す）ことを誓う言葉である。

南無本師釈迦牟尼仏や南無根本伝教大師などと唱えることにたいして、浄土宗や浄土真宗の「南無阿弥陀仏」という念仏と、日蓮宗でとなえる「南無妙法蓮華経」という題目は、かなり異なる意味をもつ。

念仏、題目等と宗派の関係

「南無《なむ》本師《ほんし》釈迦牟尼仏《しゃかむにぶつ》」——臨済宗《りんざいしゅう》・曹洞宗《そうとうしゅう》

「南無《なむ》根本《こんぽん》伝教大師《でんぎょうだいし》」——天台宗《てんだいしゅう》

「南無《なむ》大師《だいし》遍照《へんじょう》金剛《こんごう》」——真言宗《しんごんしゅう》

「南無阿弥陀仏《なむあみだぶつ》」——浄土宗《じょうどしゅう》・浄土真宗《じょうどしんしゅう》

「南無妙法蓮華経《なむみょうほうれんげきょう》」——日蓮宗《にちれんしゅう》

前者は、仏祖や祖師への敬いの心をあらわす言葉であるのにたいして、念仏や題目は、それをとなえること自体が修行であり、報恩の行であり、成仏するための方法なのである。

●「南無阿弥陀仏」の意味

念仏信仰は、浄土宗の開祖・法然《ほうねん》が広めた。平安時代の末期、法然は比叡山《ひえいざん》にのぼって修行に励んでいたが、当時の仏教界は形骸化《けいがいか》しており、比叡山も奈良の諸大寺も貴族など一部の特権階級の人々のための仏教に堕《だ》していた。法然は、それにたいして疑問をもち、みずから比叡山の別所といわれる黒谷《くろだに》に移り住む。

その後、法然は一切経を何度も読み続けるのだが、そこでも疑問を抱く。仏教でいう悟りを得るためには、坐禅を組んだり、さまざまな経典を書写したり読誦《どくじゅ》したり、ときには深山幽谷《しんざんゆうこく》に入るなどの修行をしなければならないとされていた。そうした修行は出家者はともかく、普通の庶民にはできない。ということは、庶民は悟りを開けないということになってしまう。

しかし、釈尊はどんな人をも救うために仏教を説いたはずである。そうであるならば、文字を知らない庶民であろうと誰でもできる修行法はないのだろうか。

深い思索に入っていた法然は、ある日、中国の善導の著した『観無量寿経疏《しょ》』の「一心に専《もっぱ》ら弥陀《みだ》の名号を念じて、行住坐臥《ぎょうじゅうざが》、時節の久近を問わず、念仏を捨てざるは是《これ》を正定《しょうじょう》の業《ごう》と名づく。彼の仏の願に順《したが》うが故に」という文にふれ、ただ一心に念仏をとなえる「専修念仏」こそが、皆が救われる教えだと大悟《たいご》した。

法然は、出家在家の別なく、また仏教的知識がなくても阿弥陀仏の本願を信じて、ひたすら念仏をとなえ、わが身を阿弥陀仏に任せきれば、いかなる人も極楽往生できるとしたのである。

●「南無妙法蓮華経」の意味

一方、日蓮は『法華経』こそが仏教の真髄であると確信し、末法（釈尊の滅後、仏法が色あせる時期）においては『法華経』のみが広がるべき教えであり、それ以外に救われる道はない。そのためには、『法華経』のすべての教えや功徳が収められている「南無妙法蓮華経」という題目をとなえることだと主張した。

日蓮は『法華《ほっけ》初心成仏抄《しょしんじょうぶつしょう》』という手紙の中で、題目をとなえることの大切さを次のように述べている。

「我が己心《こしん》の妙法蓮華経を本尊とあがめ奉りて我が己心中の仏性・南無妙法蓮華経とよびよばれて顕《あらわ》れ給《たも》う処《ところ》を仏とは云うなり。譬《たと》えば籠《かご》の中の鳥なけば空とぶ鳥のよばれて集まるが如《ごと》し、空とぶ鳥の集まれば籠の中の鳥も出でんとするが如し。口に妙法をよび奉れば我が身の仏性もよばれて必ず顕れ給う、（中略）されば三世《さんぜ》の諸仏も妙法蓮華経の五字を以て仏に成り給いしなり。三世の出世の本懐《ほんかい》・一切衆生皆成仏道《いっさいしゅじょうかいじょうぶつどう》の妙法と云うは是なり。是等の趣《おもむ》きを能《よ》く能く心得て仏になる道には我慢偏執《がまんへんしゅう》の心なく南無妙法蓮華経と唱え奉るべき者なり」

釈尊は『法華経』で、すべてのものには仏性（仏となる可能性）があると説いたが、それをどのように引き出すかという具体的な方法は明らかにしなかった。

そこで、弟子たちは釈尊が悟りを開いたのを真似て、瞑想にふけり己心（自分の心）の中にある仏性を見つめよ

うとしたのである。

しかし、そうした瞑想法ではなかなか己心の仏性を見ることはできない。そこで、日蓮は「南無妙法蓮華経」という題目をとなえることによって、己心の仏性を引き出すことができるとした。

そして、三世（過去・現在・未来）のもろもろの仏や菩薩も南無妙法蓮華経ととなえて成仏したのであり、すべての人々も南無妙法蓮華経という題目をとなえれば成仏できるというのである。

これは、一見法然の念仏と似ているように思われるが、念仏と題目が思想的に趣を異とするのは、念仏は、おもに死後において、つまり、来世において極楽浄土に往生して成仏すると説くのにたいして、題目は現世でこの身このままに成仏できるという「即身成仏」を説く点である。

●念仏、題目はなぜ広く普及したのか

いずれにしても、念仏と題目は、ただ仏の尊号をとなえ賛嘆するというだけでなく、となえることそのものが修行であり、現世か来世かはともかくとして、成仏へと至る唯一無

二の方法であるとしているところが共通点といえるだろう。

唯一無二だからといって、念仏か題目かと正邪、優劣を主張するのは、仏教者としては誤った生き方ではないだろうか。自らがどちらの宗祖の教えを支えにしていくかが重要である。

念仏にしても題目にしても、どんな人をも救いたいという法然や日蓮の強い誓願がほとばしり、そこから生み出されたものであるという受けとめ方が信心の要点であろう。それゆえに、これだけ多くの人に信じられているのだろう。

●

般若心経《はんにゃしんぎょう》

〈摩《ま》訶《か》般若《はんにゃ》波《は》羅《ら》蜜《みつ》多《た》心経《しんぎょう》〉

天台宗・真言宗・浄土宗・臨済宗・曹洞宗など

●『般若心経』とはどんなお経か

一般的には『般若心経《はんにゃしんぎょう》』の名で親しまれ、世間にもっとも広まったお経の一つ。『般若経』にふくまれる代表的なお経である。正式には『摩訶般若波羅蜜多心経』といい、真言密教では「智慧の真言」として重要視されている。『般若心経』の原典は何種類もあり、漢訳も多い。般若《はんにゃ》訳、法月《ほうげつ》訳、鳩摩羅什《くまらじゅう》訳、玄奘《げんじょう》訳など、現存するものだけでも七種類を数える。現在、日本で用いられているのは玄奘訳のものである。

この『般若心経』は、大乗仏教の根幹をなす経典であり、日本には古くから伝えられている。天台宗、真言宗、浄土宗、臨済宗、曹洞宗など多くの宗派で読まれているお経なので、耳にしたことがある人も多いだろう。

「摩訶《まか》」とは、たくさんとか大きい、優れているという意味で、「般若」とは、迷いや煩悩を断じて、一切の事物・事象の道理を明らかに覚知する深い智慧のこと。

「波羅蜜多《はらみった》」とは、迷いと苦しみの此岸《しがん》から涅槃《ねはん》の彼岸へ至ること、また、その完成・到達を意味し、転じて絶対・完全の意味をもつ。

通常は、菩薩が悟りに至るための修行をさす。つまり、「大いなる悟りを得るための智慧の修行」ということになる。

きわめて短いお経である『般若心経』に何が説かれているかといえば、「色即是空《しきそくぜくう》・空即是色《くうそくぜしき》」という有名な言葉にあるように、「空」の思想である。

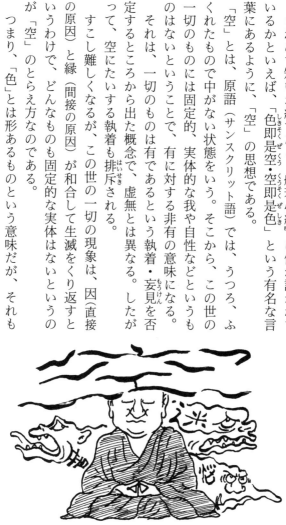

「空」とは、原語（サンスクリット語）では、うつろ、ふくれたもので中がない状態をいう。そこから、この世の一切のものには固定的、実体的な我や自性などというものはないということで、有に対する非有の意味になる。

それは、一切のものは有であるという執着・妄見《もうけん》を否定するところから出た概念で、虚無とは異なる。したがって、空にたいする執着も排斥《はいせき》される。

すこし難しくなるが、この世の一切の現象は、因（直接の原因）と縁（間接の原因）が和合して生滅をくり返すというわけで、どんなものも固定的な実体はないというのが「空」のとらえ方なのである。

つまり、「色」とは形あるものという意味だが、それも

じつは因と縁から成り立っているものである。したがって固定的実体はなく、「空」である。

この世のものは「空」＝無常（常に生滅変化して移り変わること）、無我であるにもかかわらず、私たちは、たとえば自分や自分の家族、財産や若さなどといったものに執着する。執着したり、とらわれるところから迷いや悩み、苦しみが生じてくる。

『般若心経』から、この世のすべてのものは「空」だととらえ、執着やとらわれから離れることが悩みや苦しみから解放される道であり、そのことに気づくことが「般若」、つまり智慧であるということを読み取ってほしい。

摩訶般若波羅蜜多心経

原文と現代語訳

観《かん》自《じ》在《ざい》菩《ぼ》薩《さつ》。行《ぎょう》
深《じん》般《はん》若《にゃ》波《は》羅《ら》蜜《みっ》
多《た》時《じ》。照《しょう》見《けん》五《ご》蘊《おん》
皆《かい》空《くう》。度《ど》一《いっ》切《さい》苦《く》
厄《やく》。舎《しゃ》利《り》子《し》。色《しき》不《ふ》
異《い》空《くう》。空《くう》不《ふ》異《い》色《しき》。
色《しき》即《そく》是《ぜ》空《くう》。空《くう》即《そく》

※観自在《かんじざい》菩薩（観世音《かんぜおん》菩薩）が深く※般若波羅蜜多《はんにゃはらみった》を行じたとき、※五蘊《ごおん》はすべて※空《くう》であると観じて、一切の苦しみや災難から解放されたのである。

※舎利弗《しゃりほつ》よ。色《しき》（存在するもの）は※空と異なることなく、空も色と異なることはない。色はそのまま空であり、空はそのまま色である。

是《ぜ》色《しき》。受《じゅ》想《そう》行《ぎょう》識《しき》。
亦《やく》復《ぶ》如《にょ》是《ぜ》。舎《しゃ》利《り》
子《し》。是《ぜ》諸《しょ》法《ほう》空《くう》相《そう》。
不《ふ》生《しょう》不《ふ》滅《めつ》。不《ふ》垢《く》
不《ふ》浄《じょう》。不《ふ》増《ぞう》不《ふ》減《げん》。
是《ぜ》故《こ》空《くう》中《ちゅう》。無《む》色《しき》
無《む》受《じゅ》想《そう》行《ぎょう》識《しき》。無《む》
眼《げん》耳《に》鼻《び》舌《ぜっ》身《しん》意《い》。
無《む》色《しき》声《しょう》香《こう》味《み》触《そく》

感覚や心の働き、ものを識別する作用、意識なども、また同じく空である。

舎利弗よ。あらゆる存在や現象の相《すがた》は、すべて空であるから、生ずることも滅ぶこともなく、垢《あか》にもまみれず清くもなく、増えも減りもしない。

それゆえに、空には形もなく、感覚も心の働きも意志や認識もなく、眼も耳も舌も身も意もなく、形も声も香りも味も触感も法（もの）もない。

法。無《む》眼界。乃《ない》至《し》無《む》意《い》識《しき》界《かい》。無《む》無《む》明《みょう》。亦《やく》無《む》無《む》明《みょう》尽《じん》。乃《ない》至《し》無《む》老《ろう》死《し》亦《やく》無《む》老《ろう》死《し》尽《じん》。無《む》苦《く》集《しゅう》滅《めつ》道《どう》。無《む》智《ち》亦《やく》無《む》得《とく》。以《い》無《む》所《しょ》得《とく》故《こ》。菩《ぼ》提《だい》薩《さっ》埵《た》。依《え》般《はん》若《にゃ》波《は》羅《ら》蜜《みっ》多《た》

眼のはたらきもなく、意識のはたらきもない。※無《む》明《みょう》もなく、また無明が尽きることもない。あるいは老いることも死ぬこともない。また、老いることや死ぬことが尽きることもない。

苦しみや苦しみに依って起こるところ、苦しみが滅るところ、苦しみを解消する道もなく、知恵もなく、悟りを得ることもない。

何かを得ようとする思いがないから、菩薩は般若波羅蜜多によって心に障《さわ》りがなく自由である。

故《こ》。心《しん》無《む》罣《けい》礙《げ》無《む》罣《けい》礙《げ》故《こ》。無《む》有《う》恐《く》怖《ふ》。遠《おん》離《り》一《いっ》切《さい》顛《てん》倒《どう》夢《む》想《そう》。究《く》竟《ぎょう》涅《ね》槃《はん》。三《さん》世《ぜ》諸《しょ》仏《ぶつ》。依《え》般《はん》若《にゃ》波《は》羅《ら》蜜《みっ》多《た》故《こ》。得《とく》阿《あ》耨《のく》多《た》羅《ら》三《さん》藐《みゃく》三《さん》菩《ぼ》提《だい》。故《こ》知《ち》般《はん》若《にゃ》波《は》羅《ら》蜜《みっ》

心に障《さわ》りがなく自由であるから恐怖もない。一切の迷いや妄想を離れて、悟りを完成させることができる。

※三世《さんぜ》の諸仏も、般若波羅蜜多によって最上の正しい悟りを得ることができたのである。

多。是大神呪。是大《だい》明《みょう》呪《しゅ》。是《ぜ》無《む》上《じょう》呪《しゅ》。是《ぜ》無《む》等《とう》等《どう》呪《しゅ》。能《のう》除《じょ》一《いっ》切《さい》苦《く》。真《しん》実《じつ》不《ふ》虚《こ》。故《こ》説《せつ》般《はん》若《にゃ》波《は》羅《ら》蜜《みっ》多《た》呪《しゅ》。即《そく》説《せつ》呪《しゅ》曰《わっ》。羯《ぎゃ》諦《てい》羯《ぎゃ》諦《てい》。波《は》羅《ら》羯《ぎゃ》諦《てい》。波《は》羅《ら》僧《そう》羯《ぎゃ》諦《てい》。菩《ぼ》

それゆえに、般若波羅蜜多は大いなる呪※《しゅ》(仏の言葉)であり、大いなる明らかな呪であり、無上の呪であり、比類なき呪である。

よく一切の苦しみを除き、真実にして虚妄《きょもう》ならざるものである。

そこで般若波羅蜜多の呪を説くことにする。それは、このようにいう。

提《じ》薩《そ》婆《わ》訶《か》。般《はん》若《にゃ》心《しん》経《ぎょう》

行き行きて、彼岸《ひがん》に至り、皆共に彼岸に至り、悟りの道を開かん。般若心経

観自在菩薩＝観世音菩薩のこと。アヴァロキテシュヴァラの意訳。略して観音、異名を救世菩薩という。法華経観世音《かんぜおん》菩薩普門品《ぼさつふもんぼん》には、衆生救済のため大慈悲を行じ、三十三種に化身するとあり、そのほか、十一面、千手、如意輪《にょいりん》、不《ふ》空羂索《くうけんじゃく》などの六観音・七観音に化身するという説もある。

般若波羅蜜多＝仏の智慧によって涅槃に達すること。般若は、悟りを開く真実の智慧。波羅蜜多は、彼岸への到達（到彼岸）、絶対・完全の意。したがって、最高の智慧を完成すること、また、その境地を意味する。

五蘊＝五陰ともいう。生命活動を構成する五つの要素（色・受・想・行・識）のこと。色とは有形の物質・身体の物質的側面のこと。受とは六根（眼・耳・鼻・舌・身・意）を通して外界にあるものを受け入れる心の作用のこと。想とは受け入れたものを知覚し心に想い浮かべる作用のこと。行とは想に基づいて起こる意志や行動の善悪に関するあらゆる心の作用のこと。識とは認識・識別作用、また受・想・行の作用を起こす根本の意識・心の本体のこと。

空＝この世の一切のものには固定的、実体的な我や自性などというものはないということ。一切のものは有であるという執着・妄見を否定することから出た概念で、虚無とは異なる。したがって、空に執着することも排斥される。

舎利弗＝シャーリプトラの意訳。釈迦の十大弟子の一人。智慧第一と称される。

色＝物質的存在の総称。心に対する語。

無明＝過去の一切の煩悩《ぼんのう》。成仏を妨げる一切の煩悩の根本。

三世＝過去世・現在世・未来世のこと。原義は、過去世は過ぎ去ったものの意、現在世は生起したものの意、未来世は未だ来ないものの意。

咒＝呪とも書く。陀羅尼《だらに》の訳。もと中国では秘密語（言葉では説明できない特殊な霊的能力のある語）のことを呪といったが、陀羅尼（種々の善法を集め散失させず、悪法をさえぎる力）と用例が似るところから陀羅尼を呪と訳した。

●阿弥陀経《あみだきょう》

〈仏説阿弥陀経《ぶっせつあみだきょう》〉

天台宗・浄土宗・真宗大谷派・浄土真宗本願寺派など

●『阿弥陀経』とはどんなお経か

『阿弥陀経《あみだきょう》』の名で親しまれるお経である。古来、漢訳には二訳あったといわれるが、そのうち二訳が現存する。

現在、用いられているのは鳩摩羅什《くまらじゅう》訳のものである。この『阿弥陀経』は、『無量寿経《むりょうじゅきょう》』『観無量寿経《かんむりょうじゅきょう》』とともに「浄土三部経」と呼ばれ、浄土宗や浄土真宗がもっとも重要視しているお経の一つである。

釈尊が、舎衛城《しゃえいじょう》の近くにあった祇園精舎《ぎおんしょうじゃ》に集まった多くの人々にたいして、弟子の舎利弗《しゃりほつ》に呼びかけるという形をとって、阿弥陀仏と阿弥陀仏の住む極楽浄土について説いたものである。

西方《さいほう》の十万億という無数の仏国土（仏の住む国）を越えたところに極楽という仏国土があり、そこには阿弥陀仏という名の仏がいて、教えを説いている。その極楽は、さまざまな色をした鳥が美しい声でさえずり、いつも妙《たえ》なる音楽が聞こえ、七宝《しっぽう》でできた池には五色の大きな蓮の花が咲き、宮殿は金銀や宝石できれいに飾られている。そして、悪とか苦しみが一切ない楽に満ちた世界が極楽なのである。

このようなすばらしい極楽浄土に生まれるためには、阿弥陀仏の名号を一心不乱に称えれば、命終わるときに阿弥陀仏が多くの聖者を連れて迎えにきてくれるということが説かれている。

そのあとに、東・西・南・北・上・下、すなわち全宇宙にいる無数の仏たちが、釈尊と同じように阿弥陀仏の大きな功徳をたたえているということが述べられ、最後に、聴衆に向かって、これまでの言葉を信じて、阿弥陀仏の極楽浄土に生まれたいという願いを起こしなさいと述べて説法を終えている。

阿弥陀仏の名号《みょうごう》、すなわち「南無《なむ》阿弥陀仏」ととなえれば、死後、極楽浄土に生まれ変わるという念仏信仰は、日本中に広く浸透している。なぜ、これだけ多くの人の信仰を集めたかといえば、極楽浄土のすばらしさを具体的に表現し、誰でも容易にイメージすることができたからではないだろうか。

方便とは、仏が衆生を教化するために用いる仮の教え

とか、真実に導くための巧みな手段という意味だが、釈尊はさまざまなたとえ話や譬喩《ひゆ》を用いて教えを説いた。

この極楽浄土も、その一つといっていい。

仏というのは、大乗仏教では、悟りを得た人というより、真理とか法性(悟り)そのもの、または常住不変の法それ自体を指している。しかし、それでは色も形もないので人々には理解しにくい。

そのため、たとえば三十二相《そう》八十種好《しゅごう》といった相貌《そうぼう》や肉体的な特徴をあらわし、仏とはこういう姿をしていると説いたわけだが、これもまた方便である。

同様に、極楽浄土はすばらしいところだといっても、それだけではよくわからない。そこで、方便を用いて具体的な姿を描き極楽浄土を説明したのである。

それによって、人々は極楽浄土をより身近に感じられることができるようになり、そうしたすばらしいところに生まれ変わりたいという思いが強くなったのだろう。

仏説阿弥陀経

原文と現代語訳

如《にょ》是《ぜ》我《が》聞《もん》。一《いち》時《じ》
仏《ぶつ》在《ざい》。舎《しゃ》衛《えい》国《こく》。祇《ぎ》
樹《じゅ》給《きっ》孤《こ》独《どく》園《おん》。与《よ》
大《だい》比《び》丘《く》衆《しゅう》。千《せん》二《に》
百《ひゃく》五《ご》十《じゅう》人《にん》倶《く》。皆《かい》
是《ぜ》大《だい》阿《あ》羅《ら》漢《かん》。衆《しゅ》
所《しょう》知《ち》識《しき》。長《ちょう》老《ろう》舎《しゃ》

このように私は聞いた。あるとき、釈尊(仏)は一二五〇人の修行僧らとともに舎衛国の祇樹給孤独園《ぎじゅぎっこどくおん》(祇園精舎《ぎおんしょうじゃ》)に滞在していた。

これら修行僧は皆、阿羅漢《あらかん》であり、世の多くの人々に知られていた。

祇園精舎＝インドのシラバシッテイ国にあった精舎（修行する寺）。釈迦が多年にわたって化導（教化し導く）をおこなった所。寺院は須達《しゅだつ》長者が建立寄進した。

阿羅漢＝小乗仏教における最高の悟りの境地。または、それを得た聖者をいう。

利《り》弗《ほつ》。摩《ま》訶《か》目《もっ》犍《けん》連《れん》。摩《ま》訶《か》迦《か》葉《しょう》。摩《ま》訶《か》迦《か》旃《せん》延《ねん》。摩《ま》訶《か》倶《く》絺《ち》羅《ら》。離《り》婆《は》多《た》。周《しゅ》利《り》槃《はん》陀《だ》伽《か》。難《なん》陀《だ》。阿《あ》難《なん》陀《だ》。羅《ら》睺《ご》羅《ら》。憍《きょう》梵《ぼん》波《は》提《だい》。賓《びん》頭《ず》盧《る》頗《は》羅《ら》堕《だ》。迦《か》留《る》陀《だ》夷《い》。摩《ま》訶《か》劫《こう》

それは長老の舎利弗《しゃりほつ》、摩訶目犍連《まかもっけんれん》、摩訶迦葉《まかかしょう》、摩訶迦旃延《まかかせんねん》、摩訶倶絺羅《まかくちら》、離婆多《りはた》、周利槃陀伽《しゅりはんだか》、難陀《なんだ》、阿難陀《あなんだ》、羅睺羅《らごら》、憍梵波提《きょうぼんはだい》、賓頭盧頗羅堕《びんずるはらだ》、迦留陀夷《かるだい》、

舎利弗＝釈迦の十大弟子の一人。智慧第一といわれた。
目犍連＝釈迦の十大弟子の一人。神通第一といわれた。目連ともいう。
迦葉＝釈迦の十大弟子の一人。頭陀第一といわれた。
阿難陀＝釈迦の十大弟子の一人。多聞第一といわれた。釈迦の従兄弟で阿難ともいう。
羅睺羅＝釈迦の十大弟子の一人。密行第一といわれた。釈迦の実子。

賓《ひん》那《な》。薄《は》拘《く》羅《ら》。阿《あ》㝹《ぬ》楼《る》駄《だ》。如《にょ》是《ぜ》等《とう》。諸《しょ》大《だい》弟《で》子《し》。并《びょう》諸《しょ》菩《ぼ》薩《さつ》摩《ま》訶《か》薩《さつ》。文《もん》殊《じゅ》師《し》利《り》法《ほう》王《おう》子《じ》。阿《あ》逸《いっ》多《た》菩《ぼ》薩《さつ》。乾《けん》陀《だ》訶《か》提《だい》菩《ぼ》薩《さつ》。常《じょう》精《しょう》進《じん》菩《ぼ》薩《さつ》。与《よ》如《にょ》是《ぜ》等《とう》。諸《しょ》大《だい》菩《ぼ》薩《さつ》。

摩訶劫賓那《まかこうひんな》、薄拘羅《はくら》、阿㝹楼駄《あぬるだ》などの偉大な弟子たち、ならびに、もろもろの菩薩、すなわち文殊師利《もんじゅしり》法王子《ほうおうじ》、阿逸多《あいった》菩薩、乾陀訶提《けんだかだい》菩薩、常精進《じょうしょうじん》菩薩などをはじめ、釈提桓因《しゃくだいかんいん》（帝釈天《たいしゃくてん》）など数多くの諸天や大衆とともにおられた。

文殊師利王子＝文殊師利菩薩ともいう。「文殊の智慧」といわれるように、般若（大乗仏教の悟りの智慧）を体現する菩薩。一般には、普賢菩薩とともに釈迦の脇士（左脇）として、智・慧・証の徳を司り、智慧の猛威を象徴して獅子に乗っている姿が知られている。

帝釈天＝仏法を守護する諸天善神の一人。インド神話上の最高神で雷神であった。仏教では、梵天王とともに護法の神となり、須弥山に住む。

及《ぎゅう》釈《しゃく》提《だい》桓《かん》因《いん》等《とう》。無《む》量《りょう》諸《しょ》天《てん》。大《だい》衆《しゅう》倶《く》。爾《に》時《じ》仏《ぶっ》告《ごう》。長《ちょう》老《ろう》舎《しゃ》利《り》弗《ほっ》。従《じゅう》是《ぜ》西《さい》方《ほう》。過《か》十《じゅう》万《まん》億《のく》仏《ぶっ》土《ど》。有《う》世《せ》界《かい》。名《みょう》曰《わっ》極《ごく》楽《らく》。其《ご》土《ど》有《う》仏《ぶつ》。号《ごう》阿《あ》弥《み》陀《だ》。今《こん》現《げん》在《ざい》説《せっ》法《ぽう》。舎《しゃ》利《り》

そのとき、釈尊は舎利弗《しゃりほつ》に告げた。ここから西方に十万億（はかることができないほど遠く）を過ぎたところに、仏の住む世界がある。名づけて極楽という。

その国には、阿弥陀という仏がおられて、いま現在も法（教え）を説いている。

弗《ほつ》。彼《ひ》土《ど》何《が》故《こ》。名《みょう》為《い》極《ごく》楽《らく》。其《ご》国《こく》衆《しゅ》生《じょう》。無《む》有《う》衆《しゅう》苦《く》。但《たん》受《じゅ》諸《しょ》楽《らく》。故《こ》名《みょう》極《ごく》楽《らく》。

又《う》舎《しゃ》利《り》弗《ほつ》。極《ごく》楽《らく》国《こく》土《ど》。七《しち》重《じゅう》欄《らん》楯《じゅん》。七《しち》重《じゅう》羅《ら》網《もう》。七《しち》重《じゅう》行《ごう》樹《じゅ》。皆《かい》是《ぜ》四《し》宝《ほう》。

舎利弗よ。かの国をなぜ極楽というのか。それは、その国に住む人たちは何の苦しみもなく、さまざまな福楽を受けているからだ。それゆえに極楽というのである。

また舎利弗よ。極楽国土には七重の欄干《らんかん》と七重の宝珠で飾られた網、七重の並木があり、それらはみな四宝で飾られ周りを囲んでいる。

四宝＝金・銀・瑠璃・玻璨の四種の宝。

周《しゅう》帀《そう》囲《い》繞《にょう》。是《ぜ》故《こ》
彼《ひ》国《こく》。名《みょう》曰《わつ》極《ごく》楽《らく》。
又《う》舎《しゃ》利《り》弗《ほつ》。極《ごく》楽《らく》
国《こく》土《ど》。有《う》七《しっ》宝《ぽう》池《ち》。
八《はっ》功《く》徳《どく》水《すい》。充《じゅう》満《まん》
其《ご》中《ちゅう》。池《ち》底《たい》純《じゅん》以《に》。
金《こん》沙《しゃ》布《ふ》地《じ》。四《し》辺《へん》
階《かい》道《どう》。金《こん》銀《ごん》瑠《る》璃《り》。
玻《は》瓈《り》合《ごう》成《じょう》。上《じょう》有《う》

このゆえに、かの国を極楽というのである。

また舎利弗よ。極楽国土には七宝《しっぽう》の池がある。池の中には、八つの功徳水《くどくすい》が充満し、池の底には金沙《きんさ》が敷きつめられている。

池の周りには四つの階段があり、金・銀・瑠璃《るり》・玻瓈《はり》の四種類の宝石でつくられている。

七宝＝金・銀・瑠璃・玻瓈・硨磲・赤珠・瑪瑙の七種の宝。
八つの功徳水＝澄浄《ちょうじょう》の功徳、清冷《しょうれい》の功徳、甘美の功徳、軽軟《きょうなん》の功徳、潤沢の功徳、安和の功徳、除息の功徳、養根の功徳の八つの功徳を備えたご利益《りやく》のある水。

楼《ろう》閣《かく》。亦《やく》以《い》金《こん》銀《ごん》
瑠《る》璃《り》。玻《は》瓈《り》硨《しゃ》磲《こ》。
赤《しゃく》珠《しゅ》瑪《め》瑙《のう》。而《に》厳《ごん》
飾《じき》之《し》。池《ち》中《ちゅう》蓮《れん》華《げ》。
大《だい》如《にょ》車《しゃ》輪《りん》。青《しょう》色《しき》
青《しょう》光《こう》。黄《おう》色《しき》黄《おう》光《こう》。
赤《しゃく》色《しき》赤《しゃく》光《こう》。白《びゃく》色《しき》
白《びゃく》光《こう》。微《み》妙《みょう》香《こう》潔《けつ》。
舎《しゃ》利《り》弗《ほつ》。極《ごく》楽《らく》国《こく》

その上には楼閣があり、金・銀・瑠璃・玻瓈・硨《しゃ》磲《こ》・赤珠《しゃくしゅ》・瑪瑙《めのう》の七種の宝石で飾られている。

池の中に咲いている蓮華は車輪ほどの大きさがあり、青い（花の）色は青く光り、黄色い色は黄色く光り、赤い色は赤く光り、白い色は白く光り輝いている。そして、えもいわれぬ、清らかな香りを放っている。

土《ど》。成《じょう》就《じゅ》如《にょ》是《ぜ》。功《く》徳《どく》荘《しょう》厳《ごん》。又《う》舎《しゃ》利《り》弗《ほっ》。彼《ひ》仏《ぶっ》国《こく》土《ど》。常《じょう》作《さ》天《てん》楽《がく》。黄《おう》金《ごん》為《い》地《じ》。昼《ちゅう》夜《や》六《ろく》時《じ》。而《に》雨《う》曼《まん》陀《だ》羅《ら》華《け》。其《ご》国《こく》衆《しゅ》生《じょう》。常《じょう》以《い》清《しょう》旦《たん》。各《かく》以《い》衣《え》裓《こく》。盛《じょう》衆《しゅう》妙《みょう》華《け》。供《く》養《よう》他《た》

舎利弗よ。極楽国土は、このような仏の功徳で荘厳（清く美しく飾られる）されているのだ。

また舎利弗よ。かの仏国土は、つねに天楽《てんがく》が奏《かな》でられ、大地は黄金でできている。そして、昼と夜に三度ずつ曼陀羅華《まんだらけ》の花が雨のように降りそそぐ。その極楽にいる人たちは、つねに早朝から、それぞれの花皿にさまざまな美しい花を飾り、ほかの仏国土におられる十万億の仏に供養する。

天楽＝天には打たなくても自然に鳴り出す楽器があり、妙なる音楽を奏でるので天楽という。

曼陀羅華＝妙なる香りを放ち、見る者の心を喜ばせる美しい花のこと。

方。十万《まん》億《のく》仏《ぶつ》。即《そく》以《い》食《じき》時《じ》。還《げん》到《とう》本《ほん》国《ごく》。飯《ぼん》食《じき》経《きょう》行《ぎょう》。舎《しゃ》利《り》弗《ほつ》。極《ごく》楽《らく》国《こく》土《ど》。成《じょう》就《じゅう》如《にょ》是《ぜ》。功《く》徳《どく》荘《しょう》厳《ごん》。復《ぶ》次《し》舎《しゃ》利《り》弗《ほつ》。彼《ひ》国《こく》常《じょう》有《う》。種《しゅ》種《じゅ》奇《き》妙《みょう》。雑《ざっ》色《しき》之《し》鳥《ちょう》。白《びゃっ》鵠《こう》孔《く》雀《じゃく》。鸚《おう》

そして、食事時には極楽国にもどって食事をし、食後は静かに散策などをして休息する。舎利弗よ。極楽国土は、このような功徳で荘厳されているのだ。

また次に舎利弗よ。かの国には、つねに種々のめずらしい色をした鳥がいる。白鳥・孔雀《くじゃく》・鸚鵡《おうむ》・舎《しゃ》利《り》・迦陵頻伽《かりょうびんが》・共命《ぐみょう》といった鳥である。

舎利＝九官鳥に似た鳥で、百舌鳥ともいわれる。
迦陵頻伽＝雪山や極楽浄土にいるとされる鳥で、すべての鳥の中で一番美しい声で鳴くという。
共命の鳥＝二つの頭をもつ鳥で命命鳥ともいう。人間の顔をして美しい鳴き声をもつ鳥。

鵡《む》舍《しゃ》利《り》。迦《か》陵《りょう》頻《びん》
伽《が》。共《ぐ》命《みょう》之《し》鳥《ちょう》。是《ぜ》
諸《しょ》衆《しゅう》鳥《ちょう》。昼《ちゅう》夜《や》六《ろく》
時《じ》。出《すい》和《わ》雅《げ》音《おん》。其《ご》
音《おん》演《えん》暢《ちょう》。五《ご》根《こん》五《ご》
力《りき》。七《しち》菩《ぼ》提《だい》分《ぶん》。八《はっ》
聖《しょう》道《どう》分《ぶん》。如《にょ》是《ぜ》等《とう》
法《ほう》。其《ご》土《ど》衆《しゅ》生《じょう》。聞《もん》
是《ぜ》音《おん》已《に》。皆《かい》悉《しっ》念《ねん》

これらの鳥は、昼と夜に三度ずつ優雅な声で鳴く。その音は、五根《ごこん》・五力《ごりき》・七菩提分《しちぼだいぶん》・八聖道分《はっしょうどうぶん》といった法をすらすらと述べている。

その国の人たちは、その音を聞き終わって、みなすべて仏を念じ、仏の教えを念じ、その教えを修行する僧たちを念ずるのである。

五根＝感覚を起こす能力のある器官の意。眼根・耳根・鼻根・舌根・身根の五つをいう。または、信根・精進《しょうじん》根・念根・定根《じょうこん》・慧根《えこん》の五つをいい、煩悩をおさえ悟りへ導くすぐれた働きのこと。
五力＝五根の行を積んで得ることができる悪を破る力をいう。
七菩提分＝択法《ちゃくほう》・精進・軽安・念・捨・定《じょう》・喜のこと。
八聖道分＝涅槃（悟り）に至る八つの正しい道のこと。正見・正思惟《しょうしゆい》・正語・正業《しょうごう》・正命・正精進・正念・正定の八つをいう。

仏念法念僧。舎利《り》弗《ほつ》。汝《にょ》勿《もつ》謂《い》此《し》鳥《ちょう》。実《じつ》是《ぜ》罪《ざい》報《ほう》所《しょ》生《しょう》。所《しょ》以《い》者《しゃ》何《が》。彼《ひ》仏《ぶっ》国《こく》土《ど》。無《む》三《さん》悪《まく》趣《しゅ》。舎《しゃ》利《り》弗《ほっ》。其《ご》仏《ぶっ》国《こく》土《ど》。尚《しょう》無《む》三《さん》悪《まく》道《どう》之《し》名《みょう》。何《が》況《きょう》有《う》実《じつ》。是《ぜ》諸《しょ》衆《しゅう》鳥《ちょう》。皆《かい》

舎利弗よ。あなたは、これらの鳥が罪業《ざいごう》の報《むく》いによって生まれてきたと考えてはならない。その理由は、かの仏国土には三悪趣《さんあくしゅ》がないからである。

舎利弗よ。だからその仏国土には、三悪道という名前もない。ましてや、実体など存在しないのである。

三悪趣＝地獄道・餓鬼《がき》道・修羅《しゅら》道のことで三悪道ともいう。悪業によって堕すべき三種の世界（境地）のこと。

是《ぜ》阿《あ》弥《み》陀《だ》仏《ぶつ》。欲《よく》
令《りょう》法《ほう》音《おん》宣《せん》流《る》。変《へん》
化《げ》所《しょ》作《さ》。舎《しゃ》利《り》弗《ほつ》。
彼《ひ》仏《ぶつ》国《こく》土《ど》。微《み》風《ふう》
吹《すい》動《どう》。諸《しょ》宝《ほう》行《ごう》樹《じゅ》。
及《ぎゅう》宝《ほう》羅《ら》網《もう》。出《すい》微《み》
妙《みょう》音《おん》。譬《ひ》如《にょ》百《ひゃく》千《せん》
種《じゅ》楽《がく》。同《どう》時《じ》倶《く》作《さ》。
聞《もん》是《ぜ》音《おん》者《しゃ》。皆《かい》自《じ》

これらのさまざまな鳥は、みな阿弥陀仏の教えを広めるために、仏が姿を変えてあらわれたものである。

舎利弗よ。かの仏国土は、さわやかな風が吹きわたり、さまざまな宝行樹（宝石で飾られた並木）や宝羅網（宝石で飾られた網）を揺り動かして快い音が流れ出る。その音は、たとえば、百千種類の音楽が共鳴しつつ演奏されているようなものである。

然生。念仏念法。念《ねん》僧《そう》之《し》心《しん》。舎《しゃ》利《り》弗《ほつ》。其《ご》仏《ぶっ》国《こく》土《ど》。成《じょう》就《じゅ》如《にょ》是《ぜ》。功《く》徳《どく》荘《しょう》厳《ごん》。

舎《しゃ》利《り》弗《ほつ》。於《お》汝《にょ》意《い》云《うん》何《が》。彼《ひ》仏《ぶっ》何《が》故《こ》。号《ごう》阿《あ》弥《み》陀《だ》。舎《しゃ》利《り》弗《ほつ》。彼《ひ》仏《ぶっ》光《こう》明《みょう》無《む》

この音を聞く者たちはみな、自然に念仏・念法・念僧の心（仏と法と僧を念ずる心）が生じてくる。

舎利弗よ。その仏国土は、このような仏の功徳で荘厳されているのである。

舎利弗よ。あなたは、どう思うか。かの仏を、なぜ阿弥陀仏と名づけるのか。

量《りょう》。照《しょう》十《じっ》方《ぽう》国《こく》。無《む》所《しょ》障《しょう》礙《げ》。是《ぜ》故《こ》号《ごう》為《い》阿《あ》弥《み》陀《だ》。又《う》舎《しゃ》利《り》弗《ほっ》。彼《ひ》仏《ぶつ》寿《じゅ》命《みょう》。及《ぎゅう》其《ご》人《にん》民《みん》。無《む》量《りょう》無《む》辺《へん》。阿《あ》僧《そう》祇《ぎ》劫《こう》。故《こ》名《みょう》阿《あ》弥《み》陀《だ》。舎《しゃ》利《り》弗《ほっ》。阿《あ》弥《み》陀《だ》仏《ぶつ》。成《じょう》仏《ぶつ》已《い》来《らい》。於《お》今《こん》

舎利弗よ。かの仏の光明は限りなく、十方《じっぽう》の国々を照らして、何ものにも妨げられることがない。それゆえに、阿弥陀というのである。

また、舎利弗よ。かの仏の寿命、およびそこに住む人々の寿命も限りなく、計り知れない。それゆえに、阿弥陀というのである。

十方＝十方世界のこと。東・西・南・北の四方と、東北・東南・西北・西南の四維、および上・下の二方を合わせたもの。

十劫。又舍利弗。彼《ひ》仏《ぶつ》有《う》無《む》量《りょう》無《む》辺《へん》。声《しょう》聞《もん》弟《で》子《し》。皆《かい》阿《あ》羅《ら》漢《かん》。非《ひ》是《ぜ》算《さん》数《じゅ》。之《し》所《しょ》能《のう》知《ち》。諸《しょ》菩《ぼ》薩《さつ》衆《しゅ》。亦《やく》復《ぶ》如《にょ》是《ぜ》。舍《しゃ》利《り》弗《ほっ》。彼《ひ》仏《ぶっ》国《こく》土《ど》。成《じょう》就《じゅ》如《にょ》是《ぜ》。功《く》徳《どく》荘《しょう》厳《ごん》。

舍利弗よ。阿弥陀仏が悟りを得られてからいままでに、十劫《じっこう》という長い時間が過ぎている。

また、舍利弗よ。かの仏には数限りない声聞《しょうもん》の弟子がいて、みな阿羅漢である。その数の多さは、数えることができないほどである。

もろもろの菩薩の数も、また同じである。舍利弗よ。かの仏国土は、このような仏の功徳で荘厳されているのだ。

十劫＝日時では計りがたい長遠な時間をいう。さまざまなたとえがあって、『大智度論』には、長寿の人があって、四千里四方の石山を百年ごとに細くて柔らかい布でふいて石山が磨耗し尽くしても一劫は尽きないと説かれている。また、四千里四方の大城を芥子《けし》で満たし、百年に一度、一粒を取って、すべての芥子を取り尽くしても一劫は尽きないと説かれている。

声聞＝声聞乗のこと。仏の声教を聞いて悟りを得る出家の弟子をいう。

又《う》舎《しゃ》利《り》弗《ほつ》。極《ごく》楽《らく》
国《こく》土《ど》。衆《しゅ》生《じょう》生《しょう》者《じゃ》。
皆《かい》是《ぜ》阿《あ》鞞《び》跋《ばっ》致《ち》。
其《ご》中《ちゅう》多《た》有《う》。一《いっ》生《しょう》
補《ふ》処《しょ》。其《ご》数《しゅ》甚《じん》多《た》。
非《ひ》是《ぜ》算《さん》数《じゅ》。所《しょ》能《のう》
知《ち》之《し》。但《たん》可《か》以《い》無《む》
量《りょう》無《む》辺《へん》。阿《あ》僧《そう》祇《ぎ》
劫《こう》説《せつ》。舎《しゃ》利《り》弗《ほつ》。衆《しゅ》

また舎利弗よ。極楽国土に生まれた人々は、みな阿鞞跋致《あびばっち》（仏になることが決定《けつじょう》した者たち）である。

その中には、一生を終えれば次生で仏になる菩薩が数えきれないほどたくさんいるので、ただ無量無辺、阿僧祇劫《あそうぎこう》というほかはない。

阿鞞跋致＝退くことのない位のこと。菩薩の階位の名称で、菩薩が仏になることが決定していて、再び悪趣《あくしゅ》や声聞《しょうもん》・縁覚《えんがく》や凡夫《ぼんぶ》の位に退き、転落することがなく、また悟った法を退失したりすることのないことをいう。

阿僧祇劫＝数えることのできない長い期間のこと。

生聞者。応当発願《がん》。願《がん》生《しょう》彼《ひ》国《こく》。所《しょ》以《い》者《しゃ》何《が》。得《とく》与《よ》如《にょ》是《ぜ》。諸《しょ》上《じょう》善《ぜん》人《にん》。倶《く》会《え》一《いっ》処《しょ》。舎《しゃ》利《り》弗《ほつ》。不《ふ》可《か》以《い》少《しょう》善《ぜん》根《ごん》。福《ふく》徳《とく》因《いん》縁《ねん》。得《とく》生《しょう》彼《ひ》国《こく》。舎《しゃ》利《り》弗《ほつ》。若《にゃく》有《う》善《ぜん》男《なん》子《し》善《ぜん》女《にょ》

舎利弗よ。（阿弥陀仏と極楽国土を）聞いた人々は、みな発願（願いを起こす）してかの仏国土に生まれたいと願うべきである。

何となれば、仏国土で（声聞や菩薩といわれる）善い人たちとともに、一所に会うことができるからである。

とはいえ、舎利弗よ。わずかな善根や福徳の因縁では、かの仏国土に生まれることはできない。

人《にん》。聞《もん》説《せつ》阿《あ》弥《み》陀《だ》
仏《ぶつ》。執《しゅう》持《じ》名《みょう》号《ごう》。若《にゃく》
一《いち》日《にち》。若《にゃく》二《に》日《にち》。若《にゃく》
三《さん》日《にち》。若《にゃく》四《し》日《にち》。若《にゃく》
五《ご》日《にち》。若《にゃく》六《ろく》日《にち》。若《にゃく》
七《しち》日《にち》。一《いっ》心《しん》不《ふ》乱《らん》。
其《ご》人《にん》臨《りん》命《みょう》終《じゅう》時《じ》。
阿《あ》弥《み》陀《だ》仏《ぶつ》。与《よ》諸《しょ》
聖《しょう》衆《じゅう》。現《げん》在《ざい》其《ご》前《ぜん》。

舎利弗よ。もし、在俗の男女がいて、阿弥陀仏の説法（極楽往生）を聞き、その御名をかたときもおろそかにせず、一日、二日、三日、四日、五日、六日、七日と、一心不乱に念ずれば、その人の臨終《りんじゅう》にあたって、阿弥陀仏は多くの聖人たちとともに、その前にあらわれてくださる。

是人《にん》終《じゅう》時《じ》。心《しん》不《ふ》顛《てん》倒《どう》。即《そく》得《とく》往《おう》生《じょう》。阿《あ》弥《み》陀《だ》仏《ぶつ》。極《ごく》楽《らく》国《こく》土《ど》。舎《しゃ》利《り》弗《ほつ》。我《が》見《けん》是《ぜ》利《り》。故《こ》説《せっ》此《し》言《ごん》。若《にゃく》有《う》衆《しゅ》生《じょう》。聞《もん》是《ぜ》説《せっ》者《しゃ》。応《おう》当《とう》発《ほっ》願《がん》。生《しょう》彼《ひ》国《こく》土《ど》。舎《しゃ》利《り》弗《ほつ》。如《にょ》我《が》今《こん》者《じゃ》。

そして、その人の命が終わる時も、心が顛倒《てんどう》(不安で心が乱れる)することはないし、即座に阿弥陀仏の極楽国土に往生することができるのである。

舎利弗よ。私は、このような利益を知っているから、阿弥陀仏を念じなさいと説くのである。人々が私の教えを聞くならば、まさに、かの仏国土に生まれたいという願いを起こすべきである。

讃《さん》歎《だん》阿《あ》弥《み》陀《だ》仏《ぶつ》。不《ふ》可《か》思《し》議《ぎ》功《く》徳《どく》。東《とう》方《ぼう》亦《やく》有《う》。阿《あ》閦《しゅく》鞞《び》仏《ぶつ》。須《しゅ》弥《み》相《そう》仏《ぶつ》。大《だい》須《しゅ》弥《み》仏《ぶつ》。須《しゅ》弥《み》光《こう》仏《ぶつ》。妙《みょう》音《おん》仏《ぶつ》。如《にょ》是《ぜ》等《とう》。恒《ごう》河《が》沙《しゃ》数《しゅ》諸《しょ》仏《ぶつ》。各《かく》於《お》其《ご》国《こく》。出《すい》広《こう》長《じょう》舌《ぜっ》相《そう》。偏《へん》

舎利弗よ。私がいま、阿弥陀仏の不可思議な功徳を賛嘆するように、東方にはまた阿閦鞞仏《あしゅくびぶつ》、須弥相《しゅみそう》仏、大須弥《だいしゅみ》仏、須弥光《しゅみこう》仏、妙音《みょうおん》仏など、恒河沙《ごうがしゃ》の数ほどの仏たちがおられ、それぞれの国で、三千大千世界を覆《おお》うような長い舌（たとえようもない説得力）で、説かれた教えが真実であると示して、こう言われる。

恒河沙＝恒河はガンジス川のこと。沙は砂で、恒河沙はガンジス川の砂のこと。無数にたとえる。
三千大千世界＝仏教の世界観のこと。三千世界、大千世界ともいう。

覆三《さん》千《せん》。大《だい》千《せん》世《せ》界《かい》。説《せつ》誠《じょう》実《じつ》言《ごん》。汝《にょ》等《とう》衆《しゅ》生《じょう》。当《とう》信《しん》是《ぜ》称《しょう》賛《さん》。不《ふ》可《か》思《し》議《ぎ》功《く》徳《どく》。一《いっ》切《さい》諸《しょ》仏《ぶつ》。所《しょ》護《ご》念《ねん》経《ぎょう》。舎《しゃ》利《り》弗《ほっ》。南《なん》方《ぽう》世《せ》界《かい》。有《う》日《にち》月《がっ》灯《とう》仏《ぶつ》。名《みょう》聞《もん》光《こう》仏《ぶつ》。大《だい》焰《えん》肩《けん》仏《ぶつ》。

「人々よ、まさに、この（阿弥陀仏の）不可思議な功徳を称賛し、一切の仏たちに護念された経を信じなさい」と。

舎利弗よ。南方世界には、日月灯《にちがっとう》仏、名聞光《みょうもんこう》仏、大焰肩《だいえんけん》仏、須弥灯《しゅみとう》仏、無量精進《むりょうしょうじん》仏など恒河沙の数ほどの仏たちがおられ、それぞれの国で、三千大千世界を覆うような長い舌で、説かれた教えが真実であると示して、こう言われる。

須《しゅ》弥《み》灯《とう》仏《ぶつ》。無《む》量《りょう》
精《しょう》進《じん》仏《ぶつ》。如《にょ》是《ぜ》等《とう》。
恒《ごう》河《が》沙《しゃ》数《しゅ》諸《しょ》仏《ぶつ》。
各《かく》於《お》其《ご》国《こく》。出《すい》広《こう》
長《じょう》舌《ぜっ》相《そう》。徧《へん》覆《ぷ》三《さん》
千《ぜん》。大《だい》千《せん》世《せ》界《かい》。説《せっ》
誠《じょう》実《じつ》言《ごん》。汝《にょ》等《とう》衆《しゅ》
生《じょう》。当《とう》信《しん》是《ぜ》称《しょう》讃《さん》。
不《ふ》可《か》思《し》議《ぎ》功《く》徳《どく》。

「人々よ、まさに、この（阿弥陀仏の）不可思議な功徳を称賛し、一切の仏たちに護念された経を信じなさい」と。

一《い》切《さい》諸《しょ》仏《ぶつ》。所《しょ》護《ご》念《ねん》経《ぎょう》。

舎《しゃ》利《り》弗《ほつ》。西《さい》方《ほう》世《せ》界《かい》。有《う》無《む》量《りょう》寿《じゅ》仏《ぶつ》。無《む》量《りょう》相《そう》仏《ぶつ》。無《む》量《りょう》幢《どう》仏《ぶつ》。大《だい》光《こう》仏《ぶつ》。大《だい》明《みょう》仏《ぶつ》。宝《ほう》相《そう》仏《ぶつ》。浄《じょう》光《こう》仏《ぶつ》。如《にょ》是《ぜ》等《とう》。恒《ごう》河《が》沙《しゃ》数《しゅ》諸《しょ》仏《ぶつ》。各《かく》

舎利弗よ。西方《さいほう》世界には、無量寿《むりょうじゅ》仏、無量相《むりょうそう》仏、無量幢《むりょうどう》仏、大光《だいこう》仏、大明《だいみょう》仏、宝相《ほうそう》仏、浄光《じょうこう》仏など、恒河沙の数ほどの仏たちがおられ、それぞれの国で、三千大千世界を覆うような長い舌で、説かれた教えが真実であると示して、こう言われる。

於《お》其《ご》国《こく》。出《すい》広《こう》長《じょう》舌《ぜっ》相《そう》。偏《へん》覆《ぷ》三《さん》千《ぜん》。大《だい》千《せん》世《せ》界《かい》。説《せつ》誠《じょう》実《じつ》言《ごん》。汝《にょ》等《とう》衆《しゅ》生《じょう》。当《とう》信《しん》是《ぜ》称《しょう》讃《さん》。不《ふ》可《か》思《し》議《ぎ》功《く》徳《どく》。一《いっ》切《さい》諸《しょ》仏《ぶつ》。所《しょ》護《ご》念《ねん》経《ぎょう》。

舎《しゃ》利《り》弗《ほっ》。北《ほっ》方《ぽう》世《せ》

「人々よ、まさに、この（阿弥陀仏の）不可思議な功徳を称賛し、一切の仏たちに護念された経を信じなさい」と。

界。有焰肩仏。最《さい》勝《しょう》音《おん》仏《ぶつ》。難《なん》沮《しょ》仏《ぶつ》。日《にっ》生《しょう》仏《ぶつ》。網《もう》明《みょう》仏《ぶつ》。如《にょ》是《ぜ》等《とう》。恒《ごう》河《が》沙《しゃ》数《しゅ》諸《しょ》仏《ぶつ》。各《かく》於《お》其《ご》国《こく》。出《すい》広《こう》長《じょう》舌《ぜっ》相《そう》。偏《へん》覆《ぷ》三《さん》千《ぜん》。大《だい》千《せん》世《せ》界《かい》。説《せっ》誠《じょう》実《じっ》言《ごん》。汝《にょ》等《とう》衆《しゅ》生《じょう》。当《とう》信《しん》

舎利弗よ。北方世界には、焰肩《えんけん》仏、最勝音《さいしょうおん》仏、難沮《なんしょ》仏、日生《にっしょう》仏、網明《もうみょう》仏など、恒河沙の数ほどの仏たちがおられ、それぞれの国で、三千大千世界を覆うような長い舌で、説かれた教えが真実であると示して、こう言われる。

「人々よ、まさに、この（阿弥陀仏の）不可思議な功徳を称賛し、一切の仏たちに護念された経を信じなさい」と。

是《ぜ》称《しょう》讃《さん》。不《ふ》可《か》思《し》議《ぎ》功《く》徳《どく》。一《いっ》切《さい》諸《しょ》仏《ぶつ》。所《しょ》護《ご》念《ねん》経《ぎょう》。

舎《しゃ》利《り》弗《ほっ》。下《げ》方《ほう》世《せ》界《かい》。有《う》師《し》子《し》仏《ぶつ》。名《みょう》聞《もん》仏《ぶつ》。名《みょう》光《こう》仏《ぶつ》。達《だつ》摩《ま》仏《ぶつ》。法《ほう》幢《どう》仏《ぶつ》。持《じ》法《ほう》仏《ぶつ》。如《にょ》是《ぜ》等《とう》。恒《ごう》河《が》沙《しゃ》数《しゅ》諸《しょ》仏《ぶつ》。各《かく》

舎利弗よ。下方《げほう》世界には、師子《しし》仏、名聞《みょうもん》仏、名光《みょうこう》仏、達摩《だつま》仏、法幢《ほうどう》仏、持法《じほう》仏など、恒河沙の数ほどの仏たちがおられ、それぞれの国で、三千大千世界を覆うような長い舌で、説かれた教えが真実であると示して、こういわれる。

於其国。出広長舌《ぜっ》相《そう》。偏《へん》覆《ぷ》三《さん》千《ぜん》大《だい》千《せん》世《せ》界《かい》。説《せっ》誠《じょう》実《じっ》言《ごん》。汝《にょ》等《とう》衆《しゅ》生《じょう》。当《とう》信《しん》是《ぜ》称《しょう》讃《さん》不《ふ》可《か》思《し》議《ぎ》功《く》徳《どく》。一《いっ》切《さい》諸《しょ》仏《ぶつ》。所《しょ》護《ご》念《ねん》経《ぎょう》。

舎《しゃ》利《り》弗《ほつ》。上《じょ》方《ほう》世《せ》

「人々よ、まさに、この（阿弥陀仏の）不可思議な功徳を称賛し、一切の仏たちに護念された経を信じなさい」と。

界《かい》。有《う》梵《ぼん》音《のん》仏《ぶつ》。宿《しゅく》王《おう》仏《ぶつ》。香《こう》上《じょう》仏《ぶつ》。香《こう》光《こう》仏《ぶつ》。大《だい》焰《えん》肩《けん》仏《ぶつ》。雑《ざっ》色《しき》宝《ほう》華《け》厳《ごん》身《しん》仏《ぶつ》。娑《しゃ》羅《ら》樹《じゅ》王《おう》仏《ぶつ》。宝《ほう》華《け》徳《とく》仏《ぶつ》。見《けん》一《いっ》切《さい》義《ぎ》仏《ぶつ》。如《にょ》須《しゅ》弥《み》山《せん》仏《ぶつ》。如《にょ》是《ぜ》等《とう》。恒《ごう》河《が》沙《しゃ》数《しゅ》諸《しょ》仏《ぶつ》。各《かく》

舎利弗よ。上方世界には、梵音《ぼんのん》仏、宿王《しゅくおう》仏、香上《こうじょう》仏、香光《こうこう》仏、大焰肩《だいえんけん》仏、雑色宝華厳《ざっしきほうけごん》身仏、娑羅樹《しゃらじゅ》王仏、宝華徳《ほうけとく》仏、見一切義《けんいっさいぎ》仏、如須弥山《にょしゅみせん》仏など、恒河沙の数ほどの仏たちがおられ、それぞれの国で、三千大千世界を覆うような長い舌で、説かれた教えが真実であると示して、こういわれる。

於其国。出広長
舌《ぜっ》相《そう》。偏《へん》覆《ぷ》三《さん》千《ぜん》。
大《だい》千《せん》世《せ》界《かい》。説《せつ》誠《じょう》
実《じつ》言《ごん》。汝《にょ》等《とう》衆《しゅ》生《じょう》。
当《とう》信《しん》是《ぜ》称《しょう》讃《さん》。不《ふ》
可《か》思《し》議《ぎ》功《く》徳《どく》。一《いっ》
切《さい》諸《しょ》仏《ぶつ》。所《しょ》護《ご》念《ねん》
経《ぎょう》。
舎《しゃ》利《り》弗《ほつ》。於《お》汝《にょ》意《い》

「人々よ、まさに、この（阿弥陀仏の）不可思議な功徳を称賛し、一切の仏たちに護念された経を信じなさい」と。

云《うん》何《が》。何《が》故《こ》名《みょう》為《い》一《いっ》切《さい》諸《しょ》仏《ぶつ》。所《しょ》護《ご》念《ねん》経《ぎょう》。舎《しゃ》利《り》弗《ほっ》。若《にゃく》有《う》善《ぜん》男《なん》子《し》善《ぜん》女《にょ》人《にん》。聞《もん》是《ぜ》諸《しょ》仏《ぶつ》所《しょ》説《せつ》名《みょう》。及《ぎゅう》経《きょう》名《みょう》者《しゃ》。是《ぜ》諸《しょ》善《ぜん》男《なん》子《し》善《ぜん》女《にょ》人《にん》。皆《かい》為《い》一《いっ》切《さい》諸《しょ》仏《ぶつ》。共《ぐ》所《しょ》護《ご》念《ねん》。

舎利弗よ。あなたは、どう思うか。なぜ、これを「一切諸仏に護念されたお経」と名づけるのか。

舎利弗よ。もし、在俗の男女がいて、もろもろの仏たちが説く阿弥陀仏の御名と阿弥陀経を聞く者は、誰でも皆、すべての仏たちに護念されて、最高の悟りの境地が得られる不退転の位につくことができるからなのである。

不退転の位＝仏道修行の過程で、すでに得た功徳を決して失うことがないこと。また、不退にある菩薩のことを不退位という。

皆得不退転。於阿《あ》耨《のく》多《た》羅《ら》三《さん》藐《みゃく》三《さん》菩《ぼ》提《だい》。是《ぜ》故《こ》舎《しゃ》利《り》弗《ほっ》。汝《にょ》等《とう》皆《かい》当《とう》。信《しん》受《じゅ》我《が》語《ご》。及《ぎゅう》諸《しょ》仏《ぶつ》所《しょ》説《せっ》。舎《しゃ》利《り》弗《ほっ》。若《にゃく》有《う》人《にん》。已《い》発《ほっ》願《がん》。今《こん》発《ほっ》願《がん》。当《とう》発《ほっ》願《がん》。欲《よく》生《しょう》阿《あ》弥《み》陀《だ》仏《ぶつ》

このゆえに舎利弗よ。あなたたちは皆、私の言葉ともろもろの仏が説く教えを信じなさい。

舎利弗よ。もしも、すでに阿弥陀仏の国に生まれたいと願いを起こした人、あるいは、いま、その願いを起こした人、あるいは願いを起こそうとする人は、誰でも皆、最高の悟りの境地が得られる不退転の位に到達することができる。

国《こく》者《しゃ》。是《ぜ》諸《しょ》人《にん》等《とう》。皆《かい》得《とく》不《ふ》退《たい》転《てん》。於《お》阿《あ》耨《のく》多《た》羅《ら》三《さん》藐《みゃく》三《さん》菩《ぼ》提《だい》。於《お》彼《ひ》国《こく》土《ど》。若《にゃく》已《い》生《しょう》。若《にゃく》今《こん》生《じょう》。若《にゃく》当《とう》生《しょう》。是《ぜ》故《こ》舎《しゃ》利《り》弗《ほつ》。諸《しょ》善《ぜん》男《なん》子《し》善《ぜん》女《にょ》人《にん》。若《にゃく》有《う》信《しん》者《じゃ》。応《おう》当《とう》発《ほつ》願《がん》。

そうした人はすでに、仏国土に生まれているし、いま生まれた人も、すぐにも生まれる人でもある。

そのゆえに舎利弗よ。多くの在俗の男女が、このことを信じるならば、すみやかにかの仏国土に生まれたいと願うべきである。

生彼国土。舎《しゃ》利《り》弗《ほつ》。如《にょ》我《が》今《こん》者《じゃ》。称《しょう》讃《さん》諸《しょ》仏《ぶつ》。不《ふ》可《か》思《し》議《ぎ》功《く》徳《どく》。彼《ひ》諸《しょ》仏《ぶつ》等《とう》。亦《やく》称《しょう》説《せつ》我《が》。不《ふ》可《か》思《し》議《ぎ》功《く》徳《どく》。而《に》作《さ》是《ぜ》言《ごん》。釈《しゃ》迦《か》牟《む》尼《に》仏《ぶつ》。能《のう》為《い》甚《じん》難《なん》。希《け》有《う》之《し》事《じ》。

舎利弗よ。私がいま、もろもろの仏の不可思議な功徳を称賛するように、諸仏もまた、私の説く不可思議な功徳を称賛して、こういうのである。

「釈《しゃ》迦《か》牟《む》尼《に》仏《ぶつ》(仏陀)は、はなはだ難しく、世にも稀《まれ》なる修行を成し遂げられた。

能《のう》於《お》娑《しゃ》婆《ば》国《こく》土《ど》。
五《ご》濁《じょく》悪《あく》世《せ》。劫《こう》濁《じょく》。
見《けん》濁《じょく》。煩《ぼん》悩《のう》濁《じょく》。衆《しゅ》
生《じょう》濁《じょく》。命《みょう》濁《じょく》中《ちゅう》。得《とく》
阿《あ》耨《のく》多《た》羅《ら》三《さん》藐《みゃく》
三《さん》菩《ぼ》提《だい》。為《い》諸《しょ》衆《しゅ》
生《じょう》。説《せつ》是《ぜ》一《いっ》切《さい》世《せ》
間《けん》。難《なん》信《しん》之《し》法《ほう》。舎《しゃ》
利《り》弗《ほっ》。当《とう》知《ち》我《が》於《お》。

娑婆《しゃば》世界という五濁《ごじょく》悪世において最高の悟りを得て、人々のために信じがたい尊い教えを説かれた」と。

娑婆世界＝苦悩が充満している人間世界のこと。忍土・忍界ともいう。
五濁＝生命の濁りの諸相を五種に分類したもので、劫濁・煩悩濁・衆生濁・見濁・命濁のこと。

五《ご》濁《じょく》悪《あく》世《せ》。行《ぎょう》此《し》難《なん》事《じ》。得《とく》阿《あ》耨《のく》多《た》羅《ら》三《さん》藐《みゃく》三《さん》菩《ぼ》提《だい》。為《い》一《いっ》切《さい》世《せ》間《けん》。説《せっ》此《し》難《なん》信《しん》之《し》法《ほう》。是《ぜ》為《い》甚《じん》難《なん》。仏《ぶっ》説《せっ》此《し》経《きょう》已《い》。舎《しゃ》利《り》弗《ほっ》。及《ぎゅう》諸《しょ》比《び》丘《く》。一《いっ》切《さい》世《せ》間《けん》。天《てん》人《にん》阿《あ》修《しゅ》羅《ら》

舎利弗よ。あなたはわかるだろう。私はこの五濁悪世の中で難行苦行し、最高の悟りを得て、この世の人々のために信じがたい法をわかりやすく説いてきた。これははなはだ難しいことであった。

釈尊がこの経を説き終わると、舎利弗をはじめ多くの僧たち、および、すべての神や人間、阿修羅《あしゅら》などは、仏の説かれた教えを聞いて、

阿修羅＝略して修羅ともいう。古代インドでは、初めは善神であったが、後には善神と戦う悪神となる。仏教では、常に帝釈天と戦う鬼神であり、須弥山の外輪の大海底に住むという。

等《とう》。聞《もん》仏《ぶつ》所《しょ》説《せつ》。歓《かん》
喜《ぎ》信《しん》受《じゅ》。作《さ》礼《らい》而《に》去《こ》。
仏《ぶっ》説《せつ》阿《あ》弥《み》陀《だ》経《きょう》。

歓喜して信心を深め、敬いの礼拝をしてその場を立ったのである。

◉ほけきょう

法華経(1)

〈妙法蓮華経《みょうほうれんげきょう》 方便品第二《ほうべんぽん》〉

日蓮宗など

●『妙法蓮華経方便品第二』とはどんなお経か

『法華経《ほけきょう》』の漢訳は六本あったとされるが、現存するのは、竺法護《じくほうご》訳『正法華経』、鳩摩羅《くまら》什《じゅう》訳『妙法蓮華経』など三本で、もっとも広く流布しているのが、鳩摩羅什訳の『妙法蓮華経』であり、通常『法華経』といえば、『妙法蓮華経』をさす。

中国天台宗の開祖・天台智顗《ちぎ》は、釈尊一代の説法を、説かれた時期、内容、意義などを分類整理し、その教えを体系化した人である。

そして、すべてのお経について、説かれた内容の高低浅深を追究した結果、『法華経』こそがお経中の王ともいうべき教えであるとした。

日本では、聖徳太子が『法華経』を『勝鬘経《しょうまんぎょう》』『維摩経《ゆいまぎょう》』とともに、鎮護《ちんご》国家の経と定めてから広く信奉されるようになった。そして、平安時代に伝教大師が『法華経』を流布して、比叡山延暦寺《ひえいざんえんりゃくじ》に大乗戒壇《だいじょうかいだん》を建立した。

さらに、鎌倉時代に日蓮聖人が人々が救われるためには『法華経』に帰依し、「南無妙法蓮華経」という題目をとなえるしかないと説いたことで有名になったといっていい。

『法華経』は二十八品（章）からなっており、序品《じょほん》第一から安楽行品《あんらくぎょうほん》第十四までの前半十四品を「迹門《しゃくもん》」、従地涌出品《じゅうじゆじゅっぽん》第十五から普賢菩薩勧発品《ふげんぼさつかんぼっぽん》第二十八までの後半十四品を「本門」という。

迹門とは本門にたいする語で、迹とは影という意で本体に対する概念である。たとえば、空に浮かぶ月を本体とすれば、池に映った月影は迹となる。

迹門の中で、もっとも重要とされているのが「方便品第二」であり、ここで説かれているいちばん大事なことは「諸法実相《しょほうじっそう》」ということである。

諸法とは、すべての存在・現象のことであり、実相とは、真実ありのままの姿という意味である。すなわち、あらゆる存在や森羅万象《しんらばんしょう》も、その根源を突き詰めれば一つのものであり、すべてのものを生み出す根源が仏なのである。言い換えれば、すべてのものに仏性があるということになる。

諸法実相という概念は「難解《なんげ》難入《なんにゅう》であり、一切の声聞《しょうもん》・辟支仏《びゃくしぶつ》の知ること能《あた》わざる所なり」とあるように、阿羅《あら》

漢《かん》の位にある声聞や独りで修行して悟りを得た辟支仏（縁覚）といった二乗《にじょう》でも理解しがたいほど難しいとされ、「唯仏与仏《ゆいぶつよぶつ》。乃能究尽《ないのうくじん》」すなわち、仏と仏のみが究め尽くすことができる境地だと説かれている。

この諸法実相という概念が説かれたことで、絶対的平等が明らかにされたのである。小乗仏教では、歴劫《りゃっこう》修行といって、二乗や菩薩が生まれ変わり死に変わりしながら、想像もつかないほどの長い間、厳しい修行を積み重ね、煩悩を断ち切ってはじめて成仏することができるとされていた。

しかし、どんなものにも仏性があるということは、誰にでも成仏できる因があるということでもある。厳しい修行をくり返して、二乗から菩薩と位を上げていき、そこからさらに仏になるという段階を経《へ》なくてもいいということなのである。

つまり、修行をしているとかしていないとか、また、男性女性の差別なく、誰でもそのままの姿で成仏することができるというのが、諸法実相という考え方なのである。

妙法蓮華経　方便品第二

原文と現代語訳

爾《に》時《じ》世《せ》尊《そん》。従《じゅう》三《さん》昧《まい》安《あん》詳《じょう》而《に》起《き》。告《ごう》舎《しゃ》利《り》弗《ほっ》。諸《しょ》仏《ぶっ》智《ち》慧《え》。甚《じん》深《じん》無《む》量《りょう》。其《ご》智《ち》慧《え》門《もん》。難《なん》解《げ》難《なん》入《にゅう》。一《いっ》切《さい》声《しょう》聞《もん》。辟《ひゃく》支《し》仏《ぶつ》。所《しょ》不《ふ》能《のう》知《ち》。

そのとき、世尊（仏）は三昧《さんまい》を終えて安らかに立ち上がると、智慧《ちえ》第一の尊者といわれた舎利弗《しゃりほつ》に向かって告げた。

諸仏の智慧は計り知れない。その智慧の門は理解しがたく、また入りがたい。すべての声聞《しょうもん》や辟支仏《びゃくしぶつ》も、これを知ることはできないほどである。

三昧＝心を一所に定めて動じないことをいう。

声聞＝阿羅漢《あらかん》の位にある人。仏の声教を聞いて悟りを開いた出家の弟子をいう。

辟支仏＝縁覚《えんがく》ともいう。独りで修行して悟りを得た人。

所《しょ》以《い》者《しゃ》何《が》。仏《ぶつ》曾《ぞう》
親《しん》近《ごん》。百《ひゃく》千《せん》万《まん》億《のく》。
無《む》数《しゅ》諸《しょ》仏《ぶつ》。尽《じん》行《ぎょう》
諸《しょ》仏《ぶつ》。無《む》量《りょう》道《どう》法《ほう》。
勇《ゆう》猛《みょう》精《しょう》進《じん》名《みょう》称《しょう》
普《ふ》聞《もん》。成《じょう》就《じゅ》甚《じん》深《じん》。
未《み》曾《ぞう》有《う》法《ほう》。随《ずい》宜《ぎ》
所《しょ》説《せつ》。意《い》趣《しゅ》難《なん》解《げ》。
舎《しゃ》利《り》弗《ほっ》。吾《ご》従成《じゅうじょう》

その理由は、仏はかつて数えきれないほど多くの仏に親しく近づき、諸仏のさまざまな修行法を行じた。

心をふるい励まして、難行苦行を乗り越え、力を尽くして仏道修行に励んだので、その名はあらゆる国々のあらゆる人々に知られていた。

そして、仏は、いまだかつてなかった、この上なく深い教えの奥儀《おうぎ》を悟り、人々の機根《きこん》にしたがって法を説いてきたが、その考えを理解するのは難しい。

機根＝人それぞれの環境や人生観、知識の程度など。

仏已来。種種因
縁《ねん》。種《しゅ》種《じゅ》譬《ひ》諭《ゆ》。広《こう》
演《えん》言《ごん》教《きょう》。無《む》数《しゅ》方《ほう》
便《べん》。引《いん》導《どう》衆《しゅ》生《じょう》。令《りょう》
離《り》諸《しょ》著《じゃく》。所《しょ》以《い》者《しゃ》
何《が》。如《にょ》来《らい》方《ほう》便《べん》。知《ち》
見《けん》波《は》羅《ら》蜜《みつ》。皆《かい》已《い》
具《ぐ》足《そく》。舎《しゃ》利《り》弗《ほつ》。如《にょ》
来《らい》知《ち》見《けん》。広《こう》大《だい》深《じん》

舎利弗よ。私は成仏してからいままで、さまざまな事例やたとえ話を用いて広く教えを述べてきた。さまざまな方便を使って人々を悟りに導き、もろもろの苦悩から救ってきた。

なぜならば、仏は人々を教化するためのさまざまな方法や知見波羅蜜《ちけんはらみつ》をすでに具《そな》えているからである。

舎利弗よ。仏の智慧は広大深遠である。

方便＝仏が衆生を教化するために用いる仮の教え、真実に導くための巧みな手段のこと。
知見波羅蜜＝六波羅蜜の一つで、智慧波羅蜜とも般若波羅蜜ともいう。邪見を取り払って真実を正しく見極める智慧のこと。

遠《のん》。無《む》量《りょう》無《む》礙《げ》。力《りき》。無《む》所《しょ》畏《い》。禅《ぜん》定《じょう》。解《げ》脱《だつ》。三《さん》昧《まい》。深《じん》入《にゅう》無《む》際《さい》。成《じょう》就《じゅ》一《いっ》切《さい》。未《み》曾《ぞう》有《う》法《ほう》。舎《しゃ》利《り》弗《ほつ》。如《にょ》来《らい》能《のう》種《しゅ》種《じゅ》分《ふん》別《べつ》。巧《ぎょう》説《せつ》諸《しょ》法《ほう》。言《ごん》辞《じ》柔《にゅう》輭《なん》。悦《えっ》可《か》衆《しゅ》心《しん》。舎《しゃ》利《り》弗《ほつ》。取《しゅ》要《よう》

計り知れず、さしさわりなき力があり、恐れるものがなく、禅定《ぜんじょう》・解脱《げだつ》・三昧により、限りなく深い智慧の世界に入って、いまだかつてなかった仏の道を完成したのである。

舎利弗よ。如来（仏）は人々の状態をよく分別し、その人に合わせたさまざまな教えを説いている。その言葉はわかりやすく、人々の心に喜びをもたらしている。

禅定＝心を一所に定めて散乱させず、煩悩を断って深く真理を思惟《しい》する境地に入ること。
解脱＝煩悩を断じ、生死の束縛を離れること。

言之。無量無辺。未《み》曾《ぞう》有《う》法《ほう》。仏《ぶっ》悉《しっ》成《じょう》就《じゅ》。止《し》舎《しゃ》利《り》弗《ほっ》。不《ふ》須《しゅ》復《ぶ》説《せつ》。所《しょ》以《い》者《しゃ》何《が》。仏《ぶっ》所《しょ》成《じょう》就《じゅ》。第《だい》一《いち》希《け》有《う》。難《なん》解《げ》之《し》法《ほう》。唯《ゆい》仏《ぶっ》与《よ》仏《ぶっ》。乃《ない》能《のう》究《く》尽《じん》。諸《しょ》法《ほう》実《じっ》相《そう》。所《しょ》謂《い》諸《しょ》法《ほう》。

舎利弗よ。要点をいうならば、いまだかつてない、計り知れないほどすばらしい法を、如来はことごとく悟り極めているのである。

舎利弗よ。もうこのことを説くのはやめよう。なぜかといえば、仏がなしとげた悟りの境地は、もっともたぐい稀《まれ》で理解しがたい法だからである。

ただ、仏と仏だけが知る諸法の実相を究め尽くしたものだからである。

諸法の実相＝諸法とは「諸の法」のことで、法（ダルマ）は「支えるもの」「持つもの」との義。すなわち、事物を事物たらしめているところのものという意から、事物そのもの、存在・現象をあらわすようになり、すべての存在・現象を諸法という。実相とは「実なる相」の意で、真実ありのままの姿のこと。仏教一般では、真実の理法、不変の理、真如《しんにょ》、法性などの意があり、教法の所詮の真理をさす。

如《にょ》是《ぜ》相《そう》。如《にょ》是《ぜ》性《しょう》。
如《にょ》是《ぜ》体《たい》。如《にょ》是《ぜ》力《りき》。
如《にょ》是《ぜ》作《さ》。如《にょ》是《ぜ》因《いん》。
如《にょ》是《ぜ》縁《えん》。如《にょ》是《ぜ》果《か》。
如《にょ》是《ぜ》報《ほう》。如《にょ》是《ぜ》本《ほん》
末《まつ》究《く》竟《きょう》等《とう》。

あらゆる物事の真実の姿とは、如是相《にょぜそう》（いかなる姿を表わしているか）・如是性《にょぜしょう》（いかなる性質か）・如是《にょぜ》体《たい》（実体は何か）・如是力《にょぜりき》（いかなる力をもつか）・如是《にょぜ》作《さ》（どのような働きがあるか）・如是因《にょぜいん》（原因は何か）・如是縁《にょぜえん》（何が関わってのことか）・如是果《にょぜか》（どのような結果であるか）・如是報《にょぜほう》（どんな状態にあるか）・如是本《にょぜほん》末究竟等《まつくきょうとう》（はじめから終わりまで、事柄が関わりあい、つねに等しく結ばれている）ということである。これがあらゆる物事の真実を悟り極めた仏の智慧である。

◉

法華経《ほけきょう》(2)

〈妙法蓮華経《みょうほうれんげきょう》 如来寿量品《にょらいじゅりょうほん》第十六〉

天台宗・日蓮宗・曹洞宗など

●『妙法蓮華経如来寿量品第十六』とはどんなお経か

『法華経』本門の中で、というより『法華経』の中でもっとも大切な教えが説かれているのが、この如来寿量品《にょらいじゅりょうほん》第十六であるといわれている。

日蓮聖人も「一切経のなかに、此の寿量品ましまさずば天に日月《にちがつ》無く国に大王なく山海に玉《ぎょく》なく人にたましゐ無からんがごとし、されば寿量品なくしては一切経いたづらごとなるべし、根無き草はひさしからず、みなもとなき河は遠からず（中略）、所詮《いわゆる》寿量品の肝心の南無妙法蓮華経こそ十方三世《じっぽうさんぜ》の諸仏の母にて御坐し候へ（寿量品得意抄）」と寿量品のすばらしさを讃えている。

この寿量品の中でも、後半の「自我得仏来《じがとくぶつらい》」から始まる韻文《いんぶん》形式の偈文《げもん》は、寿量品で説かれたエッセンスを集約しているところであり、「自我偈《じがげ》」といって天台宗、曹洞宗などでもあらゆるときに読まれている。

寿量品では、まず、釈尊が「これから私が話すことを信じなさい」と三度戒め、弥勒《みろく》菩薩をはじめとする菩薩たちが三度、説法を願い、さらに重ねて願ったので釈尊は説法をおこなう。

そこで、釈尊は「私は、じつは五百千万億那由佗阿僧祇《なゆたあそうぎ》という思議（思い考え）も及ばない遠い昔に菩薩道を行じて仏になった。それ以来、つねに娑婆《しゃば》世界（現実世界）にあって法を解き、人々を教化《きょうけ》してきた」と告げたのである。

それまで、弟子をはじめすべての人たちは、釈尊は釈迦族の王子として生まれ、出家して、悟りを開いて仏になったと思っていた。しかし、釈尊は、仏の寿命というのは無始無終であり、その間、どんなところにもあらわれて人々を救うのだというのである。これを「久遠実成《くおんじつじょう》の仏」という。

それなのに、仏である釈尊は入滅（亡くなる）するという。なぜ、永遠の命をもつ仏が入滅するのだろうか。その疑問に対して、釈尊は、仏が常に側にいると思うと人々は安心して、修行に励むことを怠ってしまうからだという。「なんとかして仏に会いたい」という気持ちを起こさせるために入滅という方便を用いたというのである。

これについて釈尊は「良医病子《りょういびょうし》の譬《たとえ》」を用いて説明する。あるところに良医がいた。その良医には子供がたくさんいた。あるとき、良医が他国へ出かけているとき、子供たちは他人が勧める毒薬を飲んでしまい、転げ回って苦しんでいた。そこに父である良医が帰ってきて、すぐに良薬を調合して与えた。本心を失っていない者は飲んですぐに治ったが、毒気のため本心を失ってしまった者は良薬を見ても毒だと思い飲もうとしない。

そこで良医は一つの方便を思いつき、「ここに薬を置いておくから飲みなさい」と言い残して他国へいき、そこから使いを出して、「父は死んだ」と伝えさせたのである。本心を失っていた子供たちは父の死を聞いて嘆き悲しみ、毒気からさめて本心を取り戻し、残された薬を飲んで病気を治すことができた。それを聞いて父は喜んで帰ってきたという。

この良医とは仏のことであり、本心を失った子供たちは私たち衆生《しゅじょう》のことである。仏は方便を用いて、その姿を隠すけれども、じつはつねに私たちの側にいるのだ。

しかし、煩悩《ぼんのう》などの毒気に当たっている者にはその姿を見ることができない。本当に仏に会いたいと心の底から願うとき仏の存在を感じることができるというのだ。つまり、いちばん大事なのは、私たちの心のあり方である、と釈尊は教えているのである。

妙法蓮華経　如来寿量品第十六　原文と現代語訳

自《じ》我《が》得《とく》仏《ぶつ》来《らい》
所《しょ》経《きょう》諸《しょ》劫《こっ》数《しゅ》
無《む》量《りょう》百《ひゃく》千《せん》万《まん》
億《おく》載《さい》阿《あ》僧《そう》祇《ぎ》
常《じょう》説《せっ》法《ぽう》教《きょう》化《け》
無《む》数《しゅ》億《おく》衆《しゅ》生《じょう》
令《りょう》入《にゅう》於《お》仏《ぶつ》道《どう》

私が成仏してからいままで、数えきれないほどの時間がたった。その間、つねに法を説いて無数の人々を教化して仏の道に入らせてきた。

阿《あ》僧《そう》祇《ぎ》＝インドにおける数の単位で、きわめて大きな、数えることができない数をいう。ある計算法によれば、十の二十乗ともいわれている。

爾に来らい無む量りょう劫こう

為い度ど衆しゅ生じょう故に

方ほう便べん現げん涅ね槃はん度ど

而に実じつ不ふ滅めつ度ど

常じょう住じゅう此し説せっ法ぽう

我が常じょう住じゅう於お此し

以い諸しょ神じん通ずう力りき

令りょう顛てん倒どう衆しゅ生じょう

雖すい近ごん而に不ふ見けん

その時間は、果てしもなく長いものである。苦しむ人々を救おうとの思いから、たくみに手だてを用いてさまざまな姿で涅槃ねはんをあらわしたのである。しかし、じつは、私は入滅にゅうめつ（亡くなる）することなく、つねにこの世にあって法を説いている。

私はつねにこの世にいるけれども、さまざまな神じん通力ずうりきを使って、迷っている人たちにたいしては近くにはいるが、仏という存在を見せないようにしているだけである。

涅槃＝滅度、寂滅じゃくめつ・不生・安楽・解脱げだつなどと訳す。言葉の意味は、吹き消すこと、稠林ちょうりん（繁茂している林）から出ることなどで、一切の煩悩や苦しみを永遠に断じ尽くした境地をいう。

衆見我滅度《ど》
広《こう》供《く》養《よう》舎《しゃ》利《り》
咸《げん》皆《かい》懐《え》恋《れん》慕《ぼ》
而《に》生《しょう》渇《かつ》仰《ごう》心《しん》
衆《しゅ》生《じょう》既《き》信《しん》伏《ぶく》
質《しち》直《じき》意《い》柔《にゅ》輭《なん》
一《いっ》心《しん》欲《よっ》見《けん》仏《ぶつ》
不《ふ》自《じ》惜《しゃく》身《しん》命《みょう》
時《じ》我《が》及《ぎゅう》衆《しゅ》僧《そう》

人々は、仏が入滅した姿を見て、その舎利《しゃり》（遺骨）を供養し、皆が仏に対して恋しい思いを抱き、何としても会いたいという気持ちを起こすのである。

人々はすでに仏に信伏し、心は素直に柔軟になり、仏に会いたいと一心に願い、そのためには身命《しんみょう》も惜しまないと思うようになるだろう。

舎利＝身体・身・身骨・遺身などと訳す。遺体・遺骨などの総称。通常は、仏の遺骨（仏舎利）をさす。

倶《く》出《しゅつ》霊《りょう》鷲《じゅ》山《せん》

我《が》時《じ》語《ご》衆《しゅ》生《じょう》

常《じょう》在《ざい》此《し》不《ふ》滅《めつ》

以《い》方《ほう》便《べん》力《りき》故《こ》

現《げん》有《う》滅《めつ》不《ふ》滅《めつ》

余《よ》国《こく》有《う》衆《しゅ》生《じょう》

恭《く》敬《ぎょう》信《しん》楽《ぎょう》者《しゃ》

我《が》復《ぶ》於《お》彼《ひ》中《ちゅう》

為《い》説《せつ》無《む》上《じょう》法《ほう》

そうなったとき、私は僧や大衆をともなって、この霊鷲山《りょうじゅせん》に出現する。そして、私は人々に語る。仏は、つねにこの世にあって入滅することはない。方便の力によって、滅不滅をあらわすのである。

また、ほかの国で、仏を敬い信じる人たちがいれば、私はそうした人たちの中において、このうえないすばらしい法を説くであろう。

汝等不聞此
但《たん》謂《に》我《が》滅《めつ》度《ど》
我《が》見《けん》諸《しょ》衆《しゅ》生《じょう》
没《もっ》在《ざい》於《お》苦《く》海《かい》
故《こ》不《ふ》為《い》現《げん》身《しん》
令《りょう》其《ご》生《しょう》渇《かつ》仰《ごう》
因《いん》其《ご》心《しん》恋《れん》慕《ぼ》
乃《ない》出《しゅつ》為《い》説《せっ》法《ぽう》
神《じん》通《ずう》力《りき》如《にょ》是《ぜ》

あなたたちはそうした理《ことわり》も聞かず、私が死滅したと思っている。私の目から見れば、多くの人々は苦悩の世界に沈んでいる。それだからこそ、かえって仏はその姿をあらわさず、人々に仰ぎ見たいという気持ちを起こさせるのだ。

そうした仏に会いたいという思いの強さによって、私は姿をあらわして法を説く。神通力とは、このようなものなのである。

於《お》阿《あ》僧《そう》祇《ぎ》劫《こう》
常《じょう》在《ざい》霊《りょう》鷲《じゅ》山《せん》
及《ぎゅう》余《よ》諸《しょ》住《じゅう》処《しょ》
衆《しゅ》生《じょう》見《けん》劫《こう》尽《じん》
大《だい》火《か》所《しょ》焼《しょう》時《じ》
我《が》此《し》土《ど》安《あん》穏《のん》
天《てん》人《にん》常《じょう》充《じゅう》満《まん》
園《おん》林《りん》諸《しょ》堂《どう》閣《かく》
種《しゅ》種《じゅ》宝《ほう》荘《しょう》厳《ごん》

私は長い間、霊鷲山《りょうじゅせん》やほかのいたるところにいるのだ。

この世が滅び、人々の寿命が尽きて大火に焼かれるときも、私のいるところは安穏《あんのん》であり、天の神々も人々も常に心は満ち満ちており、修行の林や建物は多くの宝で飾られ、宝の樹には花や実があふれ、人々は憩《いこ》いなごんでいる。

宝樹多華果
衆《しゅ》生《じょう》所《しょ》遊《ゆう》楽《らく》
諸《しょ》天《てん》撃《きゃく》天《てん》鼓《く》
常《じょう》作《さ》衆《しゅ》伎《ぎ》楽《がく》
雨《う》曼《まん》陀《だ》羅《ら》華《け》
散《さん》仏《ぶつ》及《ぎゅう》大《だい》衆《しゅ》
我《が》浄《じょう》土《ど》不《ふ》毀《き》
而《に》衆《しゅ》見《けん》焼《しょう》尽《じん》
憂《う》怖《ふ》諸《しょ》苦《く》悩《のう》

諸天は鼓を打ってさまざまな伎楽《ぎがく》を演奏し、曼陀《まんだ》羅《ら》華《け》の花が雨のように仏や人々の上に降り注ぐ。

このように、私の住む浄土は壊れることはないのだが、人々はこの国土を焼け尽くされていると錯誤し、さまざまな恐怖や苦悩にさいなまれていると思いこんでいる。

諸天＝法華経の行者を守護する諸天善神のこと。民衆・国土を守り、福をもたらす働きをもつ。梵天《ぼんてん》・帝釈天《たいしゃくてん》・四天王《してんのう》など一切の諸天・諸菩薩の総称。

如《にょ》是《ぜ》悉《しっ》充《じゅう》満《まん》
是《ぜ》諸《しょ》罪《ざい》衆《しゅ》生《じょう》
以《い》悪《あく》業《ごう》因《いん》縁《ねん》
過《か》阿《あ》僧《そう》祇《ぎ》劫《こう》
不《ふ》聞《もん》三《さん》宝《ぼう》名《みょう》
諸《しょ》有《う》修《しゅ》功《く》徳《どく》
柔《にゅう》和《わ》質《しち》直《じき》者《しゃ》
則《そっ》皆《かい》見《けん》我《が》身《しん》
在《ざい》此《し》而《に》説《せっ》法《ぽう》

この罪深い人たちは、過去世に犯した悪業によって、阿僧祇劫《あそうぎこう》という長い間、輪廻転生《りんねてんしょう》をくり返し、それによって、仏・法・僧の三宝《さんぽう》の名を聞くこともない。

反対に、あらゆる功徳《くどく》を修め、心が素直で穏やかな人たちは、霊鷲山にあって私が法を説くのを聞くことができるのである。

或時為此衆
説《せっ》仏《ぶつ》寿《じゅ》無《む》量《りょう》
久《く》乃《ない》見《けん》仏《ぶっ》者《しゃ》
為《い》説《せつ》仏《ぶつ》難《なん》値《ち》
我《が》智《ち》力《りき》如《にょ》是《ぜ》
慧《え》光《こう》照《しょう》無《む》量《りょう》
寿《じゅ》命《みょう》無《む》数《しゅ》劫《こう》
久《く》修《しゅ》業《ごう》所《しょ》得《とく》
汝《にょ》等《とう》有《う》智《ち》者《しゃ》

私は、あるときはこれらの人々のために、仏の寿命は果てしがないと説く。なかなか仏を見ることができない者には、仏には会いがたいと説くのである。

私の智慧はこのように光のごとく尽きることがなく、また、寿命が尽きることがない。それは、永きにわたり修行をしてそうした力を得たからである。

勿《もっ》於《と》此《し》生《しょう》疑《ぎ》
当《とう》断《だん》令《りょう》永《よう》尽《じん》
仏《ぶっ》語《ご》実《じつ》不《ぷ》虚《こ》
如《にょ》医《い》善《ぜん》方《ほう》便《べん》
為《い》治《じ》狂《おう》子《し》故《こ》
実《じつ》在《ざい》而《に》言《ごん》死《し》
無《む》能《のう》説《せっ》虚《こ》妄《もう》
我《が》亦《やく》為《い》世《せ》父《ぶ》
救《く》諸《しょ》苦《く》患《げん》者《しゃ》

修行者たちよ、智慧ある者は疑いを起こしてはならない。疑いは断じ尽くさなくてはならない。仏の言葉は真実であり、偽りはない。良医がたくみに方便を用いて、毒薬を飲んで気が変になってしまったわが子を救おうとして父は死んだと驚かし、目覚めた子供たちは心を取り戻したという。これは人の命を救うためのものであって、虚偽や妄想をいったわけではない。

仏も良医と同じように、世の中の人々の父であり、さまざまな苦悩から人々を救う者である。

為凡夫顛倒
実《じつ》在《ざい》而《に》言《ごん》滅《めつ》
以《い》常《じょう》見《けん》我《が》故《こ》
而《に》生《しょう》憍《きょう》恣《し》心《しん》
放《ほう》逸《いつ》著《じゃく》五《ご》欲《よく》
堕《だ》於《お》悪《あく》道《どう》中《ちゅう》
我《が》常《じょう》知《ち》衆《しゅ》生《じょう》
行《ぎょう》道《どう》不《ふ》行《ぎょう》道《どう》
随《ずい》応《おう》所《しょ》可《か》度《ど》

凡夫は迷いの世界にいるため、目がくらんで真実を見ようとしない。そこで本当のことではないが、仏も入滅したというのだ。それは、つねに私を見て救いを当てにする心を起こすからである。

そこで、多くの人々は驕慢《きょうまん》の心を起こし、気のむくまま五欲に執着し、悪道に堕《お》ちてしまう。私は、人々がどのように仏道を行じているか、いないかをよく知り、救うべき人たちの心の状態を見て、それに合わせて法を説くのである。

五欲＝色欲・声欲・香欲・味欲・触欲の五つ。色欲とは、色彩・形状・男女などに対する欲望。声欲とは、楽器の音色・男女の歌詠などに対する欲望。香欲とは、芳香に対する欲望。味欲とは、一切の飲食・美味などに対する欲望。触欲とは、男女の肌・柔軟な衣服などに触れようとする欲望。

為《い》説《せっ》種《しゅ》種《じゅ》法《ほう》
毎《まい》自《じ》作《さ》是《ぜ》念《ねん》
以《い》何《が》令《りょう》衆《しゅ》生《じょう》
得《とく》入《にゅう》無《む》上《じょう》道《どう》
速《そく》成《じょう》就《じゅ》仏《ぶっ》身《しん》

私は、あらゆる方法で教えを説き、おこたらず誓いをおこしている。どのようにすれば、人々を無上道（無上の仏道）に入らせて、すみやかに成仏させることができるかと。

●観音経《かんのんぎょう》

〈妙法蓮華経《みょうほうれんげきょう》　観世音菩薩普門品《かんぜおんぼさつふもんぼん》第二十五〉

天台宗・真言宗・臨済宗・曹洞宗・日蓮宗など

●『観音経』とはどんなお経か

『法華経』の一部のお経で、一般には『観音経《かんのんぎょう》』とか『普門品《ふもんぼん》』と呼ばれ、数あるお経の中でももっともポピュラーな経典の一つとして、おもに天台宗、真言宗、臨済宗、曹洞宗、日蓮宗などで読まれている。

『法華経』寿量品第十六と同様、よく読まれる後半の偈文《げもん》(韻文形式の経)の「世尊妙相具《せそんみようそうぐ》」で始まることから『世尊偈《せそんげ》』とも呼ばれている。

『法華経』の一部なのに、『観音経』として独立したお経のようにとらえられているのは、観世音菩薩、つまり、観音菩薩のキャラクターによるところが大きいだろう。いつ、どこでも観世音菩薩の名を念じれば、観音さまはさまざまな悩みや苦しみから救ってくださるというもので、観音信仰は中国や日本で広く根づいている。

観世音菩薩は大慈悲心の体現者とされ、あらゆる苦悩を救う力があり、衆生を救うために三三に身を現じて法を説くと説かれている。馬頭《ばとう》観音や千手《せんじゅ》観音、子安《こやす》、子育《こそだて》観音、はては天の神や竜人にも姿をかえる。

それらはすべて観世音菩薩が化身《けしん》、つまり、人々の祈りに応じて姿を変えてあらわれたものだとされている。

観世音菩薩の浄土(国)は、華厳経においては補陀落山《ふだらくせん》と定められ、その身相は観無量寿経《かんむりょうじゅきょう》において紫金色と示されている。中国では舟山列島をその補陀落山に擬し、チベットでは、チベットこそが観音の浄土であり、ダライ・ラマがその化身であると信じ、宮殿をポタラ(補陀落山)と呼んでいる。観音はインド、チベットでは男性として示されるが、中国、日本では女性の姿であらわされるものが多い。

『観音経』はまず、観世音菩薩の名号《みょうごう》をとなえることによって、私たちの外から襲ってくる火難・水難・羅刹《らせつ》難(食人鬼難)・王難(刀杖《とうじょう》難)・悪鬼《あくき》難・枷鎖《かさ》難(首かせと鎖の難)・怨賊《おんぞく》難といった七難が消滅すると説く。

また、私たちの内から起こる三毒(善根を毒する煩悩)も消すことができるという。三毒とは「貪《とん》・瞋《じん》・痴《ち》」のことで、貪とはむさぼり、瞋とは怒り、痴とは愚かさと

いう意味である。

さらに、女性が欲する願いによって男児・女児を授けるとも説かれている。

つづいて、観世音菩薩は三十三身に変化して、相手の心にあった姿で説法することが示され、観音は私たちのあらゆる怖畏《ふい》（恐ろしいこと）を取り除くことから「施無畏者《せむいしゃ》」の別名をもつと述べられている。

『世尊偈』では、これまで述べられてきたことが簡潔に、また格調高くまとめられているが、観音があらゆる人を救う力があるのは、真観《しんかん》（真実を見極める力）、清浄観《しょうじょうかん》（汚れを清らかなものにする力）、智慧《ちえ》観（智慧の力）、悲観《ひかん》（憐《あわ》れんで苦を抜く力）、慈観《じかん》（慈《いつく》しみ楽を与える力）という五観があるからだと説かれる。

この経に親しむとしても、私たちはただ観世音菩薩の救済を待つだけでなく、この五観をすこしでも自分自身の身につけようと努力することによって、悩みや苦しみを自ら乗り越えていくことができるのだ、という「観音経」の真意を読み取ってほしい。

妙法蓮華経　観世音菩薩普門品第二十五　原文と現代語訳

世《せ》尊《そん》妙《みょう》相《そう》具《ぐう》
我《が》今《こん》重《じゅう》問《もん》彼《ぴ》
仏《ぶっ》子《し》何《が》因《いん》縁《ねん》
名《みょう》為《い》観《かん》世《ぜ》音《おん》
具《ぐ》足《そく》妙《みょう》相《そう》尊《そん》
偈《げ》答《とう》無《む》尽《じん》意《に》
汝《にょ》聴《ちょう》観《かん》音《のん》行《ぎょう》

すぐれた相を具《そな》えている世尊（仏）に、私（無《む》尽《じん》意《に》菩薩）はいま、重ねてお聞きします。私たちは観《かん》世《ぜ》音《おん》の存在をどのように考えたらよいのでしょうか。

尊い相の仏は、偈《げ》をもって無尽意に答えられた。汝《なんじ》（無尽意）よ。聴きなさい。

偈＝仏典の中で韻文形式を用いて仏の徳を賛嘆したり、法理を述べたもの。

善《ぜん》応《のう》諸《しょ》方《ほう》所《しょ》
弘《ぐ》誓《ぜい》深《じん》如《にょ》海《かい》
歴《りゃっ》劫《こう》不《ふ》思《し》議《ぎ》
侍《じ》多《た》千《せん》億《のく》仏《ぶつ》
発《ほっ》大《だい》清《しょう》浄《じょう》願《がん》
我《が》為《い》汝《にょ》略《りゃく》説《せつ》
聞《もん》名《みょう》及《ぎゅう》見《けん》身《しん》
心《しん》念《ねん》不《ふ》空《くう》過《か》
能《のう》滅《めつ》諸《しょ》有《う》苦《く》

観音の働きはあらゆるところに応じ、すべての人々を救おうとする。その誓いの深さは海のようであり、どれほどの時間を重ねても計り知ることができない。

その誓いは多くの仏に仕えて広く清らかな願いを起こしたことによる。私は、あなたのために観音の功徳の要点を説明しよう。

その名（観音）を聞き、その身を拝し、心に念じてむなしく過ごさなければ、もろもろの苦しみを滅することができる。

仮使興害意　推《すい》落《らく》大《だい》火《か》坑《きょう》
念《ねん》彼《ぴ》観《かん》音《のん》力《りき》　火《か》坑《きょう》変《へん》成《じょう》池《ち》
或《わく》漂《ひょう》流《る》巨《こ》海《かい》　龍《りゅう》魚《ぎょ》諸《しょ》鬼《き》難《なん》
念《ねん》彼《ぴ》観《かん》音《のん》力《りき》　波《は》浪《ろう》不《ふ》能《のう》没《もつ》
或《わく》在《ざい》須《しゅ》弥《み》峯《ぶ》

たとえ害意によって大きな火の坑《あな》に落とされても、観音の力を念じれば、火坑は池に変わる。

あるいは、大海に漂流して龍や魚、鬼神の難に遭うときも、観音の力を念じれば、荒波にのみこまれることもない。

為《い》人《にん》所《しょ》推《すい》堕《だ》

念《ねん》彼《ぴ》観《かん》音《のん》力《りき》

如《にょ》日《にち》虚《こ》空《くう》住《じゅう》

或《わく》被《ひ》悪《あく》人《にん》逐《ちく》

堕《だ》落《らく》金《こん》剛《ごう》山《せん》

念《ねん》彼《ぴ》観《かん》音《のん》力《りき》

不《ふ》能《のう》損《そん》一《いち》毛《もう》

或《わく》値《ち》怨《おん》賊《ぞく》繞《にょう》

各《かく》執《しゅう》刀《とう》加《か》害《がい》

あるいは、須弥山《しゅみせん》の頂上から突き落とされそうになっても、観音の力を念じれば、太陽のように空中にあって落ちることはない。

あるいは、悪人に追われて金剛山から落とされても、観音の力を念じれば、一筋の毛ほどの傷も受けることはない。

あるいは怨賊《おんぞく》に囲まれ、刀をもって害を加えられようとするときも、観音の力を念じれば、たちまちのうちに怨賊たちに慈悲の心が起き、危害を加えることがない。

念《ねん》彼《ぴ》観《かん》音《のん》力《りき》
咸《げん》即《そく》起《き》慈《じ》心《しん》
或《わく》遭《そう》王《おう》難《なん》苦《く》
臨《りん》刑《ぎょう》欲《よく》寿《じゅ》終《しゅう》
念《ねん》彼《ぴ》観《かん》音《のん》力《りき》
刀《とう》尋《じん》段《だん》段《だん》壊《ね》
或《わく》囚《しゅう》禁《きん》枷《か》鎖《さ》
手《しゅ》足《そく》被《ひ》杻《ちゅう》械《かい》
念《ねん》彼《ぴ》観《かん》音《のん》力《りき》

あるいは、国王から迫害されて死刑を執行されようとするとき、観音の力を念じれば、刀は見る間に折れてしまう。

あるいは、枷《かせ》や鎖に手足がつながれても、観音の力を念じれば、それらの責苦はただちに解けるだろう。

釈《しゃく》然《ねん》得《とく》解《げ》脱《だつ》
呪《しゅう》詛《そ》諸《しょ》毒《どく》薬《やく》
所《しょ》欲《よく》害《がい》身《しん》者《しゃ》
念《ねん》彼《ぴ》観《かん》音《のん》力《りき》
還《げん》著《じゃく》於《お》本《ほん》人《にん》
或《わく》遇《ぐう》悪《あく》羅《ら》刹《せつ》
毒《どく》龍《りゅう》諸《しょ》鬼《き》等《とう》
念《ねん》彼《ぴ》観《かん》音《のん》力《りき》
時《じ》悉《しつ》不《ぷ》敢《かん》害《がい》

呪いの言葉や毒薬で身が危険にさらされていても、観音の力を念じれば、それらの害は逆に呪おうとした人間にふりかかるだろう。

あるいは、悪鬼や毒龍、さまざまな鬼たちに遭っても、観音の力を念じれば、危害は加えられない。

若悪《あく》獣囲《い》繞
利《り》牙《げ》爪《そう》可《か》怖《ふ》
念《ねん》彼《ぴ》観《かん》音《のん》力《りき》
疾《しっ》走《そう》無《む》辺《へん》方《ぼう》
蚖《がん》蛇《じゃ》及《ぎゅう》蝮《ぶっ》蠍《かつ》
気《け》毒《どく》煙《えん》火《か》然《ねん》
念《ねん》彼《ぴ》観《かん》音《のん》力《りき》
尋《じん》声《しょう》自《じ》回《え》去《こう》
雲《うん》雷《らい》鼓《く》掣《せい》電《でん》

もしくは、猛獣に囲まれて牙や爪をむいて襲いかかられようとしたときも、観音の力を念じれば、獣たちはたちまちのうちにいずこへか逃げ去るだろう。

毒蛇やサソリが毒気を炎のように吹きかけてきても、観音の力を念じれば、その声を聞いて逃げ出すだろう。

降《ごう》雹《ばく》澍《じゅ》大《だい》雨《う》
念《ねん》彼《ぴ》観《かん》音《のん》力《りき》
応《おう》時《じ》得《とく》消《しょう》散《さん》
衆《しゅ》生《じょう》被《ひ》困《こん》厄《やく》
無《む》量《りょう》苦《く》逼《ひっ》身《しん》
観《かん》音《のん》妙《みょう》智《ち》力《りき》
能《のう》救《ぐ》世《せ》間《けん》苦《く》
具《ぐ》足《そく》神《じん》通《ずう》力《りき》
広《こう》修《しゅ》智《ち》方《ほう》便《べん》

空が曇り雷が轟《とどろ》き、雹《ひょう》や大雨が降ってきても、観音の力を念じれば、すぐに消え去るだろう。

人々が困難や災いにあい、多くの苦しみに打ちひしがれていても、観音のすぐれた智慧の力は、世間の苦しみを救うだろう。

(観世音は)神通力《じんずうりき》を備え、広く智慧の方便をめぐらして、あらゆる国土に出現するのである。

十方諸国土
無《む》刹《せつ》不《ふ》現《げん》身《しん》
種《しゅ》種《じゅ》諸《しょ》悪《あく》趣《しゅ》
地《じ》獄《ごく》鬼《き》畜《ちく》生《しょう》
生《しょう》老《ろう》病《びょう》死《し》苦《く》
以《い》漸《ぜん》悉《しつ》令《りょう》滅《めつ》
真《しん》観《かん》清《しょう》浄《じょう》観《かん》
広《こう》大《だい》智《ち》慧《え》観《かん》
悲《ひ》観《かん》及《ぎゅう》慈《じ》観《かん》

さまざまな悪趣、地獄道、餓鬼道、畜生道の、さらには生老病死の苦しみをいつの間にか消し去ってくれるのである。

常《じょう》願《がん》常《じょう》瞻《せん》仰《ごう》
無《む》垢《く》清《しょう》浄《じょう》光《こう》
慧《え》日《にち》破《は》諸《しょ》闇《あん》
能《のう》伏《ぶく》災《さい》風《ふう》火《か》
普《ふ》明《みょう》照《しょう》世《せ》間《けん》
悲《ひ》体《たい》戒《かい》雷《らい》震《しん》
慈《じ》意《い》妙《みょう》大《だい》雲《うん》
澍《じゅ》甘《かん》露《ろ》法《ほう》雨《う》
滅《めつ》除《じょ》煩《ぼん》悩《のう》燄《えん》

真実を見る眼、清らかな眼、すべてを見通す眼、あわれみの眼、いつくしみの眼を備えた観世音菩薩をつねに願い仰ぎ見るならば、その智慧の光は、あらゆる闇を破り、災いの風火をおさめ、広く世間を照らしだす。

あわれみの心は戒めとなって雷のように震え、慈悲の心は雲のように起こり、教えは甘露《かんろ》の雨のごとく降り注ぎ、煩悩《ぼんのう》を消し去ってくれるのである。

諍訟経官処
怖《ふ》畏《い》軍《ぐん》陣《じん》中《ちゅう》
念《ねん》彼《ぴ》観《かん》音《のん》力《りき》
衆《しゅう》怨《おん》悉《しっ》退《たい》散《さん》
妙《みょう》音《おん》観《かん》世《ぜ》音《おん》
梵《ぼん》音《のん》海《かい》潮《ちょう》音《おん》
勝《しょう》彼《ひ》世《せ》間《けん》音《のん》
是《ぜ》故《こ》須《しゅ》常《じょう》念《ねん》
念《ねん》念《ねん》勿《もっ》生《しょう》疑《ぎ》

訴訟の場や戦場で恐怖にさいなまれたとき、観音の力を念じれば、人々のあらゆる怨みはことごとく退散するだろう。

妙《たえ》なる音のごとく、世間を観じる。清らかな音は、潮のごとく、世間をつつみこんでくれるすぐれた声である。そのゆえに、つねに観音を念じるべきである。一念、一念、疑いを起こしてはならない。

観《かん》世《ぜ》音《おん》浄《じょう》聖《しょう》
於《お》苦《く》悩《のう》死《し》厄《やく》
能《のう》為《い》作《さ》依《え》怙《こ》
具《ぐ》一《いっ》切《さい》功《く》徳《どく》
慈《じ》眼《げん》視《じ》衆《しゅ》生《じょう》
福《ふく》聚《じゅ》海《かい》無《む》量《りょう》
是《ぜ》故《こ》応《おう》頂《ちょう》礼《らい》
爾《に》時《じ》。持《じ》地《じ》菩《ぼ》薩《さつ》。
即《そく》従《じゅう》座《ざ》起《き》。前《ぜん》白《びゃく》

聖なる観世音菩薩は、苦悩や死、災いにあるとき、人々の拠《よ》り所となる一切の功徳を備えており、慈悲の眼をもって人々を見守り、その福徳は海のごとく計り知れない。だからこそ、礼拝するのがよいのである。

仏言。世尊。若有衆《しゅ》生《じょう》。聞《もん》是《ぜ》観《かん》世《ぜ》音《おん》菩《ぼ》薩《さつ》品《ほん》。自《じ》在《ざい》之《し》業《ごう》。普《ふ》門《もん》示《じ》現《げん》。神《じん》通《ずう》力《りき》者《しゃ》。当《とう》知《ち》是《ぜ》人《にん》。功《く》徳《どく》不《ふ》少《しょう》。仏《ぶっ》説《せつ》是《ぜ》普《ふ》門《もん》品《ぼん》時《じ》。衆《しゅう》中《ちゅう》。八《はち》万《まん》四《し》千《せん》衆《しゅ》生《じょう》。皆《かい》発《ほっ》無《む》

そのとき、持地《じじ》菩薩が座から立ち上がり、仏の前に進んでいった。

「世尊よ。もし人々が、観世音菩薩の自在な働きと、あらゆるところにあらわれる神通力を信じるならば、その功徳《くどく》は、計り知れないでしょう」と。

等《とう》等《どう》。阿《あ》耨《のく》多《た》羅《ら》
三《さん》藐《みゃく》三《さん》菩《ぼ》提《だい》心《しん》。

仏が、この教えを説かれたとき、八万四千の人々は皆、最高の悟りを求める心を起こしたのである。

●理趣経《りしゅきょう》

〈般若《はんにゃ》理《り》趣《しゅ》経《きょう》〉

真言宗など

●『理趣経』とはどんなお経か

真言宗をはじめとする密教の中で、『大日経《だいにちきょう》』『金剛頂経《こんごうちょうきょう》』とならんで、よく読まれているのが、この『般若理趣経《はんにゃりしゅきょう》』で、一般には『理趣経』と呼ばれている。

『理趣経』は七、八世紀頃インドで成立したと考えられており、漢訳もいくつかあるが、日本で『理趣経』といえば、不空《ふくう》訳の『大楽金剛不空真実三摩耶経般若波羅蜜多理趣品《たいらくこんごうふくうしんじつさんまやきょうはんにゃはらみったりしゅぼん》』一巻をさす。

密教の重要なお経であるにもかかわらず、真言宗の檀信徒《だんしんと》であってもあまりよく知られていないといわれるが、その理由として二つあげられるだろう。

一つは、ふつうのお経は呉音《ごおん》で読まれるが、この『理趣経』は漢音で読まれるからである。呉音というのは、ふだん私たちが漢字を音読みしているのとほぼ同じものだから、聞いていてもそれほど違和感はない。しかし、漢音の場合、呉音とはちがった音の読み方をするものも多く、聞いていてもよくわからないということになる。

もう一つは、その内容にある。つまり、男女の性愛について書かれていることから、ややもすれば誤解を招きかねないということで、興味本位で読まれないように一般にはあまり開示してこなかったからだ。

『理趣経』は一七段から成り立っており、総論というべき第一段は金剛薩埵《こんごうさった》の悟りの内容を示している。そこには「十七清浄句《しょうじょうく》」が説かれており、すべての欲望は本来、清浄なものであると述べている。

第二段以降は各論として、観自在菩薩、虚空蔵《こくうぞう》菩薩、文殊師利《もんじゅしり》菩薩、金剛手《こんごうしゅ》菩薩などがあらわれて、それぞれの立場からその境地を説いていく。

十七清浄句とは、「妙適《びょうてき》」「欲箭《よくせん》」「触《しょく》」「愛縛《あいはく》」「一切自在主《いっさいしさいしゅ》」「見《けん》」「適悦《てきえつ》」「愛」「慢《まん》」「荘厳《そうげん》」「意滋《いし》沢」「光明《こうべい》」「身楽」「色《しょく》」「声」「香《きょう》」「味《び》」のことである。

この文字だけを見てもよくわからないだろうが、性的快楽、性的欲望、愛欲に縛られること、欲望のおもむくままに振る舞うこと、セックスによって五感が満たされることなどの意味となる。

こうした性的欲望はもともと清らかであり、そのまま菩薩の位になると説かれているため、江戸時代にはセックスによるエクスタシーが悟りの境地だとする真言立川流が流行したこともある。しかし、『理趣経』の説くところは、決して欲望を全面的に肯定することではない。

小乗教を中心とする仏教では、煩悩の根源である欲望を断ち切らないと悟りを開くことはできないといって、厳しい禁欲的な修行をおこなった。しかし、それでも欲望を断ち切ることはできず、「灰身滅智《けしんめっち》」といって、最後には欲望を起こす肉体を消滅させるしかないと、自らの体を焼いてしまうということもおこなわれていた。

確かに、欲望は私たちを惑わせたり、過《あやま》ちを起こさせる原因となる。しかし、欲望があるからこそ生きていけることもまた事実である。たとえば、食欲や睡眠欲をなくしたら死んでしまう。

立派な人間になりたい、世の中の役に立つ人間になりたいと思うのも欲望である。人間性を高めたい、利他、すなわち、人のために何かをしたいという欲望は、仏教では大欲《たいよく》といって大切なものとしている。

『理趣経』から、私たちは物質的な欲望や快楽だけを求める性的欲望に振り回されることなく、いかに大欲を起こすかが大事なのであり、そうした大欲をもつことができれば、私たちは人間として大きく成長することができる、という意味あいを読み取ってほしい。

般若理趣教

原文と現代語訳

如《じょ》是《し》我《が》聞《ぶん》。一《いっ》時《し》。薄《ふわ》伽《きゃ》梵《ふわん》。成《せい》就《しゅ》殊《しゅ》勝《しょう》一《いっ》切《せい》如《じょう》来《らい》金《きん》剛《こう》加《か》持《ち》三《さん》摩《ま》耶《や》智《ち》。已《い》得《と》一《いっ》切《せい》如《じょ》来《らい》灌《くわん》頂《でい》宝《ほう》冠《かん》為《い》三《さん》界《かい》主《しゅ》。已《い》証《しょう》一《いっ》

このように私（金剛薩埵《こんごうさった》）は聞いた。
あるとき、世尊（大日如来《だいにちにょらい》）は、きわめてすぐれた、すべての仏の堅固な金剛《こんごう》によって加持された智慧《ちえ》を成就し、すでに、すべての仏の灌頂宝冠《かんじょうほうかん》を得て、あらゆる世界をたばねる主となった。

灌頂宝冠＝古代インドでは、帝王即位のときに四大海の水を頭上に注ぎ、宝冠を頂いて王位継承のしるしとすることにたとえたもの。

切《せい》如《じょ》来《らい》一《いっ》切《せい》智《ち》
智《ち》瑜《ゆ》伽《きゃ》自《し》在《さい》。能《のう》
作《さく》一《いっ》切《せい》如《じょ》来《らい》一《いっ》
切《せい》印《いん》平《べい》等《とう》種《しょう》種《じょう》
事《し》業《ぎょう》。於《よ》無《ぶ》尽《しん》無《ぶ》
余《よ》一《いっ》切《せい》衆《しゅう》生《せい》界《かい》。
一《いっ》切《せい》意《い》願《げん》作《さく》業《ぎょう》
皆《かい》悉《しっ》円《てん》満《まん》常《しょう》恒《こう》
三《さん》世《せい》一《いっ》切《せい》時《し》身《しん》

すでに、すべての仏のすべての智慧の中の智慧が、身体・言葉・心と相応一体になり、その智慧が思いのままになることを明らかにし、よくすべての仏のすべての印契《いんげい》によって、あらゆるものが平等であるというさまざまな働きをおこない、尽きることも余すこともない生きとし生けるものの、すべての心に思う願いの働きをことごとく満足させる。

語《ぎょ》意《い》業《ぎょう》金《きん》剛《こう》大《たあい》
毘《ひ》盧《ろ》遮《しゃ》那《だ》如《じょ》来《らい》。
在《さい》於《よ》欲《よっ》界《かい》他《た》化《くわ》
自《し》在《さい》天《てん》王《のう》宮《きゅう》中《ちゅう》
一《いっ》切《せい》如《じょう》来《らい》常《しょう》所《そ》
遊《ゆう》処《しょ》吉《きっ》祥《しょう》称《しょう》歎《たん》
大《たい》摩《ま》尼《じ》殿《てん》。種種《しょうじょう》
間《かん》錯《さく》鈴《れい》鐸《たく》繒《そう》幡《ばん》
微《び》風《ふう》揺《よう》撃《げき》。珠《しゅ》鬘《まん》

そして、三世（過去・現在・未来）において、身体・言葉・心の働きが金剛石（ダイヤモンド）のように堅固である大日如来が、欲界の他化自在天《たけじざいてん》の王宮の中におられる。そこは、すべての仏がつねに思いのままにいて、誰もがほめたたえるような宝石で飾られた宮殿なのである。そこはさまざまに飾られ、鈴や鐸《たく》、絹幡《そうばん》（絹の旗）が風に揺れ、宝珠でつくられた花輪や半月や満月の形をした瓔珞《ようらく》（装飾）などで荘厳（美しく飾る）されている。

金剛＝金剛石（ダイヤモンド）のこと。金剛杵《しょ》のこと。何ものにも破壊されず、あらゆるものを破砕する堅牢無比《けんろうむひ》のたとえとされる。
欲界＝衆生の住む世界「欲界・色界・無色界」の一つ。淫欲と貪欲だけが支配する世界をいう。
他化自在天＝欲界にある六つの天のうち、頂天にある第六天のこと。他の欲境を自在に変化させ、みずからも楽を受ける故に他化自在天という。

瓔《えい》珞《らく》半《はん》満《まん》月《げっ》等《とう》而《じ》為《い》荘《そう》厳《げん》。与《よ》八《はっ》十《じゅう》倶《く》胝《ち》菩《ほ》薩《さ》衆《しゅう》倶《く》。所《そ》謂《い》金《きん》剛《こう》手《しゅ》菩《ほ》薩《さ》摩《ば》訶《か》薩《さ》観《くわん》自《し》在《さい》菩《ほ》薩《さ》摩《ば》訶《か》薩《さ》。虚《きょ》空《こう》蔵《そう》菩《ほ》薩《さ》摩《ば》訶《か》薩《さ》金《きん》剛《こう》拳《けん》菩《ほ》薩《さん》摩《ば》訶《か》薩《さ》文《ぶん》

大日如来は、ひじょうに多くの菩薩たちと共におられる。（その中の八人の菩薩は）金剛手《こんごうしゅ》菩薩（堅固な智慧を象徴する金剛杵《しょ》を手にする菩薩）、観自在《かんじざい》菩薩（観世音菩薩のこと。衆生を救うため大慈悲を行じ、三十三種に化身するという）、虚空蔵《こくうぞう》菩薩（智慧と福徳を蔵することが虚空＝大空であることによる）、金剛拳《こんごうけん》菩薩（身・語・意の三密が一体であることを象徴する金剛の拳をもつ菩薩）、

殊《しゅ》師《し》利《り》菩《ほ》薩《さん》摩《ば》訶《か》薩《さ》纔《さい》発《はっ》心《しん》転《てん》法《ぼう》輪《りん》菩《ほ》薩《さん》摩《ば》訶《か》薩《さ》虚《きょ》空《こう》庫《こ》菩《ほ》薩《さん》摩《ば》訶《か》薩《さ》摧《さい》一《いっ》切《せい》魔《ま》菩《ほ》薩《さ》摩《ば》訶《か》薩《さ》。与《よ》如《じょ》是《し》等《とう》大《たい》菩《ほ》薩《さっ》衆《しゅう》恭《きょう》敬《けい》囲《い》繞《じょう》而《じ》為《い》説《せっ》法《ぽう》。初《そ》中《ちゅう》

文殊師利《もんじゅしり》菩薩（成仏に不可欠な般若波羅蜜多＝悟りの智慧を体現している菩薩）、纔発心転法輪《にようほっしんてんぽうりん》菩薩（すみやかに発心して法輪＝仏の教えを転ずる＝を説く菩薩）、虚空《こくう》庫《こ》菩薩（智慧と福徳を広大無辺の蔵におさめ、あらゆるものに施す菩薩）、摧一切魔《さいいっさいま》菩薩（あらゆる悪や災難を打ち砕き、根源的な無知を滅ぼし安寧《あんねい》をもたらす菩薩）たちである。

このような菩薩たちに敬われ、取り囲まれて、これらの菩薩たちのために法を説いている。

後《こう》善《せん》文《ぶん》義《ぎ》巧《こう》妙《びょう》。純《しゅん》一《にち》円《えん》満《まん》清《せい》浄《せい》潔《けっ》白《ぱく》。説《せい》一《いっ》切《せい》法《ほう》清《せい》浄《せい》句《く》門《もん》。所《そ》謂《い》妙《びょう》適《てき》清《せい》浄《せい》句《く》是《し》菩《ほ》薩《さ》位《い》。欲《よく》箭《せん》清《せい》浄《せい》句《く》是《し》菩《ほ》薩《さ》位《い》。触《そく》清《せい》浄《せい》句《く》是《し》菩《ほ》薩《さ》位《い》。愛《あい》縛《はく》清《せい》浄《せい》

その教えは、初めも、中頃も、終わりもすべて善く、言葉や理論はこの上もない巧みさにすぐれ、欠けるところがなく円満であり、煩悩のけがれもなく清浄であって潔白である。

そして（現象世界に存在する）すべてのものは、本質的には清浄であると説かれた。いわゆる性的欲望が起こること、男女が触れ合うこと、

句《く》是《し》菩《ほ》薩《さ》位《い》。一《いっ》
切《せい》自《し》在《さい》主《しゅう》清《せい》浄《せい》
句《く》是《し》菩《ほ》薩《さ》位《い》。見《けん》
清《せい》浄《せい》句《く》是《し》菩《ほ》薩《さ》
位《い》。適《てき》悦《えっ》清《せい》浄《せい》句《く》
是《し》菩《ほ》薩《さ》位《い》。愛《あい》清《せい》
浄《せい》句《く》是《し》菩《ほ》薩《さ》位《い》。
慢《まん》清《せい》浄《せい》句《く》是《し》菩《ほ》
薩《さ》位《い》。荘《そう》厳《げん》清《せい》浄《せい》

離れがたくなること、一体となって世界が二人のためにあるように思うこと、異性を見たいと思うこと、抱擁の悦《よろこ》び、愛情が生まれること、それらによって満たされること、

句《く》是《し》菩《ほ》薩《さ》位《い》。意《い》滋《し》沢《たく》清《せい》浄《せい》句《く》是《し》菩《ほ》薩《さ》位《い》。光《こう》明《べい》清《せい》浄《せい》句《く》是《し》菩《ほ》薩《さ》位《い》。身《しん》楽《らく》清《せい》浄《せい》句《く》是《し》菩《ほ》薩《さ》位《い》。色《しょく》清《せい》浄《せい》句《く》是《し》菩《ほ》薩《さ》位《い》。声《せい》清《せい》浄《せい》句《く》是《し》菩《ほ》薩《さ》位《い》。香《きょう》清《せい》浄《せい》句《く》是《し》

身を飾ること、触れることによって喜びが豊かになること、愛によって目の前が明るくなること、身体の楽しみが得られたこと、形を見る・声・匂い・味などの五感が満たされることは、みな清らかであり、そのまま菩薩の位なのである。

菩《ほ》薩《さ》位《い》。味《び》清《せい》浄《せい》
句《く》是《し》菩《ほ》薩《さ》位《い》。何《か》
以《い》故《こ》。一《いっ》切《せい》法《ほう》自《し》
性《せい》清《せい》浄《せい》故《こ》。般《ふわん》若《じゃ》
波《は》羅《ら》蜜《び》多《た》清《せい》浄《せい》。
金《きん》剛《こう》手《しゅ》。若《じゃく》有《ゆう》聞《ぶん》
此《し》清《せい》浄《せい》出《しゅつ》生《せい》句《く》
般《ふわん》若《じゃ》理《り》趣《しゅ》。乃《たい》至《し》
菩《ほ》提《てい》道《とう》場《ちょう》。一《いっ》切《せい》

なぜかといえば、(自・他は本来一つであり平等であるから)すべての法はもともと清浄なものであり、(現実生活の営みそのものも)悟りの智慧も清浄なのである。

金剛薩埵よ。もし、このような清らかさを生み出す句である悟りの智慧の教え(理趣経)を聞き、悟りの境地に至るならば、

蓋《かい》障《しょう》及《きゅう》煩《はん》悩《だっ》障《しょう》
法《はっ》障《しょう》業《げっ》障《しょう》。設《せっ》広《こう》
積《せき》習《しゅう》。必《ひっ》不《ぷ》堕《た》於《よ》
地《ち》獄《ぎょく》等《とう》趣《しゅ》。設《せっ》作《さく》
重《ちょう》罪《さい》消《しょう》滅《べっ》不《ぷ》難《なん》。
若《じゃく》能《のう》受《しゅ》持《ち》日《じつ》日《じつ》
読《とく》誦《しょう》作《さく》意《い》思《し》惟《い》。
即《そく》於《よ》現《けん》生《せい》証《しょう》一《いっ》
切《せい》法《ほう》平《へい》等《とう》金《きん》剛《こう》

すべての障害、および煩悩障《ぼんのうしょう》、法障《ほうしょう》、業障《ごっしょう》が広く積み重なっていても、決して地獄などに堕《お》ちることはない。たとえ重罪を犯しても、その罪が消えないことはない。

煩悩障・法障・業障＝煩悩障は貪欲（むさぼり）・瞋恚《しんい》（いかり）・愚痴（おろか）等によって起こる障害。法障は、三悪趣（地獄・餓鬼《がき》・畜生《ちくしょう》道）、正法誹謗《ひぼう》などによって仏道修行の障害になること。業障は、五逆・十悪等の業によって起こる障害。または、妻子等によって起こる障害をいう。

三《さん》摩《ま》地《ち》。於《よ》一《いっ》切《せい》
法《ほう》皆《かい》得《とく》自《し》在《さい》。受《しゅ》
於《よ》無《ぶ》量《りょう》適《てき》悦《えっ》歓《くわん》
喜《ぎ》。以《い》十《しゅう》六《りく》大《たい》菩《ほ》
薩《さっ》生《せい》獲《かき》得《とく》如《じょ》来《らい》
執《しゅう》金《きん》剛《こう》位《い》。時《し》薄《ふわ》
伽《きゃ》梵《ふわん》一《いっ》切《せい》如《じょ》来《らい》
大《たい》乗《しょう》現《けん》証《しょう》三《さん》摩《ま》
耶《や》一《いっ》切《せい》曼《まん》荼《た》羅《ら》

もし、よくこの教えを身近にもち、読み、心をこめて思索すれば、現世においてすべては平等であるという堅固な悟りを得て、すべての法のもとにおいて人々は自由自在の境地を得て、計り知れない悦びを受け、十六の偉大な菩薩の悟りを身につけ、大日如来や金剛薩埵と同じ位に至るのである。

持《ち》金《きん》剛《こう》勝《しょう》薩《さ》埵《た》。
於《よ》三《さん》界《かい》中《ちゅう》調《ちょう》伏《ふく》
無《ぶ》余《よ》。一《いっ》切《せい》義《ぎ》成《せい》
就《しゅ》金《きん》剛《こう》手《しゅ》菩《ほ》薩《さ》
摩《ば》訶《か》薩《さ》。為《い》欲《よ》重《ちょう》
顕《おん》明《べ》此《し》義《い》故《こ》。凞《き》
恰《い》微《び》咲《しょう》左《さ》手《しゅ》作《さ》
金《きん》剛《こう》慢《まん》印《にん》。右《ゆう》手《しゅ》
抽《ちゅう》擲《てき》本《ほん》初《そ》大《たい》金《きん》

ときに世尊は、すべての仏の大いなる悟りである平等世界（三摩耶《さんまや》）を示す、すべての曼陀羅《まんだら》の中において、とくにすぐれているのは金剛薩埵である。

迷いの世界の中であますところなく調伏《ちょうふく》し、すべての事柄を成就させる金剛薩埵は、このことを明らかにしたいと重ねて願い、穏やかな微笑みを浮かべ、左手で金剛慢印《こんごうまんいん》をつくり、右手に五鈷金剛杵《ごここんごうしょ》を握って、勇気をもって進む勢いを示し、悟りの智慧の心を説かれた。吽。

調伏＝衆生の身・語・意の三密を調和して、さまざまな悪行を制し、伏すること。

五鈷金剛杵＝武器の一種。〝根本の知慧〟を象徴する。

剛《こう》。作《さく》勇《よう》進《しん》勢《せい》。説《せっ》
大《たい》楽《ら》金《きん》剛《こう》不《ふ》空《こう》
三《さん》摩《ま》耶《や》心《しん》。吽《うーん》。

百字《ひゃくじ》の偈《げ》

菩《ほ》薩《さ》勝《しょう》慧《けい》者《しゃ》
乃《たい》至《し》尽《しん》生《せい》死《し》
恒《こう》作《さく》衆《しゅう》生《せい》利《り》
而《じ》不《ふ》趣《しゅ》涅《でっ》槃《ぱん》
般《ふわん》若《じゃ》及《きゅう》方《ほう》便《べん》
智《ち》度《と》悉《しっ》加《か》持《ち》
諸《しょ》法《ほう》及《きゅう》諸《しょ》有《ゆう》
一《いっ》切《せい》皆《かい》清《せい》浄《せい》

百字によって説かれたお経

　すぐれた菩薩は生死を尽くすまで、つねに衆生を利益しようとして、しかも悟りの世界に赴《おもむ》かない。

　智慧と方便の働きをもって人々をことごとく加持し、すべての存在、また生きとし生けるものを皆、清らかにさせるのである。

加持＝仏の加護のこと。密教では、仏が慈悲をもって衆生に加え（およぼし）、衆生が信心をもってこれを感じ、仏が応じて互いに作用し交わることをいう。

欲《よく》等《とう》調《ちょう》世《せ》間《かん》
令《れい》得《とく》浄《せい》除《ちょ》故《こ》
有《ゆう》頂《てい》及《きゅう》悪《あく》趣《しゅ》
調《ちょう》伏《ふく》尽《しん》諸《しょ》有《ゆう》
如《じょ》蓮《れん》体《てい》本《ほん》染《ぜん》
不《ふ》為《い》垢《こ》所《そ》染《ぜん》
諸《しょ》欲《よく》性《せい》亦《えき》然《ぜん》
不《ふ》染《ぜん》利《り》群《きん》生《せい》
大《たい》欲《よく》得《とく》清《せい》浄《せい》

世間の人々を調伏して、罪障を清め取り除くことができるから、有頂天から悪趣に至るまで調伏して、もろもろの有情を正しく整える。

蓮の花がほかの色に染まらないように、汚れに染まることがない。もろもろの欲望の本性も同様である。

有情＝感情や意識をもつすべての生物の総称。非情に対する語。情は心の意。
悪趣＝悪道のこと。悪業を行じた衆生が堕ちる苦悩の境界をいう。

大《たい》安《あん》楽《らく》富《ふ》饒《じょう》
三《さん》界《かい》得《とく》自《し》在《さい》
能《のう》作《さ》堅《けん》固《こ》利《り》
金《きん》剛《こう》手《しゅ》。若《じゃく》有《ゆう》聞《ぶん》
此《し》本《ほん》初《そ》般《ふわん》若《じゃ》理《り》
趣《しゅ》。日《じつ》日《じつ》晨《しん》朝《ちょう》或《こく》
誦《しょう》或《こく》聴《てい》。彼《ひ》獲《かき》一《いっ》
切《せい》安《あん》楽《らく》悦《えっ》意《ち》大《たい》
楽《ら》金《きん》剛《こう》不《ふ》空《こう》三《さん》

汚れに染まらず、生きとし生けるものを利益する。大いなる欲望は清浄を得て、大安楽にして、豊かになる。全世界を自在に振る舞い、利益を堅固なものとする。

金剛手菩薩よ。もし、般若理趣経のことわりをひもとき、日々早朝に読み、あるいは聞くならば、彼はすべての安楽や悦びの心と、永遠不滅の安楽を自ら悟り、人を導く境地を得て、現世においてすべての自在と悦楽を得ることができる。

味《まい》究《きゅう》竟《けい》悉《しっ》地《ち》。現《けん》世《せい》獲《くわき》得《とく》一《いっ》切《せい》法《ほう》自《し》在《さい》悦《えっ》楽《らく》。以《い》十《しゅう》六《りく》大《たい》菩《ほ》薩《さっ》生《せい》得《とく》於《よ》如《じょ》来《らい》執《しゅう》金《きん》剛《こう》位《い》。吽《うーん》。

爾《じ》時《し》一《いっ》切《せい》如《じょ》来《らい》及《きゅう》持《ち》金《きん》剛《こう》菩《ほ》薩《さん》摩《ば》訶《か》薩《さっ》等《とう》。皆《かい》来《らい》

十六の偉大な菩薩の生を自身が具えて、仏の金剛位を得ることができるのである。吽《うーん》。

そのとき、すべての仏および金剛杵をもつ菩薩摩《ま》訶《か》薩《さつ》等は皆、集まり、この教えによって、さしさわりなく速やかに、悟りの境地に到達させようと願うゆえに、皆ともに金剛手を称賛して述べるのである。

集《しゅ》会《かい》欲《よく》令《れい》此《し》法《ほう》
不《ふ》空《こう》無《ぶ》礙《かい》速《そく》成《せい》
就《しゅう》故《こ》。咸《かん》共《きょう》称《しょう》讃《さん》
金《きん》剛《こう》手《しゅ》言《げん》。
善《せん》哉《ざい》善《せん》哉《ざい》大《たい》薩《さっ》埵《た》
善《せん》哉《ざい》善《せん》哉《ざい》大《たい》安《あん》楽《らく》
善《せん》哉《ざい》善《せん》哉《ざい》摩《ま》訶《か》衍《えん》
善《せん》哉《ざい》善《せん》哉《ざい》大《たい》智《ち》慧《けい》
善《せん》能《のう》演《えん》説《ぜい》此《し》法《は》教《こう》

よきかな、よきかな、大薩埵よ。よきかな、よきかな、大安楽よ。よきかな、よきかな、大いなる教えよ。よきかな、よきかな、大いなる智慧よ。よく、この教えを説くべきである。

金《きん》剛《こう》修《しゅう》多《た》羅《ら》加《か》持《ち》
持《ち》此《し》最《さい》勝《しょう》教《こう》王《おう》者《しゃ》
一《いっ》切《せい》諸《しょ》魔《ま》不《ふ》能《のう》壊《かい》
得《とく》仏《ふ》菩《ほ》薩《さ》最《さい》勝《しょう》位《い》
於《よ》諸《しょ》悉《しっ》地《ち》当《とう》不《ふ》久《きゅう》
一《いっ》切《せい》如《じょ》来《らい》及《きゅう》菩《ほ》薩《さ》
共《きょう》作《さく》如《じょ》是《し》勝《しょう》説《せっ》已《ち》
為《い》令《れい》持《ち》者《しゃ》悉《しっ》成《せい》就《しゅう》
皆《かい》大《たい》歓《かん》喜《ぎ》信《しん》受《しゅ》行《こう》

金剛の修多羅を加持しなさい。このもっともすぐれた教えをもつ者は、どんな障魔にも壊されることはない。

仏菩薩のもっともすぐれた位を得て、もろもろの不可思議な功徳の結果を速やかに得ることができる。

修多羅＝スートラの音写。経典のこと。

大《たい》楽《らく》金《こん》剛《ごう》不《ふ》空《くう》真《しん》実《じつ》三《さん》摩《ま》耶《や》経《きょう》

すべての仏および菩薩は、このようなすぐれた教えを共に説き終わり、教えを持《たも》つ者を速やかに悟りの世界に入らせるために、皆、大いに歓喜し、信受《しんじゅ》し行じたのである。

大楽金剛不空真実三摩耶経

●正信偈《しょうしんげ》

〈正《しょう》信《しん》念《ねん》仏《ぶつ》偈《げ》〉

真宗大谷派・浄土真宗本願寺派など

る偈文《げもん》である。

●『正信偈』とはどんなお経か

『正信偈《しょうしんげ》』は、正しくは『正信念仏偈』といい、浄土真宗の開祖である親鸞《しんらん》があらわした『教行信証《きょうぎょうしんしょう》』六巻のうち、第二巻「行の巻」の末尾に掲げられている七言百二十句からなる偈文《げもん》である。

『正信偈』は、『般若心経』や『法華経』などのお経とは違って、釈尊が説いたものではない。しかし、この『正信偈』は、阿弥陀仏の本願を信じ切ることで凡夫《ぼんぷ》（仏の教えを知らない愚かな人）は救われるとする、親鸞の確固たる信念が詩情となってほとばしりでたもので、真宗門徒の間では毎日、朝夕のおつとめにとなえられている。

そして、親鸞から数えて七代目の蓮如《れんにょ》が『正信偈』を開板《かいはん》（木版で出版）し、一般の門徒が仏前で読誦《どくじゅ》するように勤行《ごんぎょう》（日々のおつとめ）の方式を定めたことによって、『正信偈』の教えが広く伝わるようになったのである。

『正信偈』の内容としては、まず「帰命無量寿如来《きみょうむりょうじゅにょらい》、南無不可思議光《なむふかしぎこう》」という初めの二句で、阿弥陀仏の尊号をあげて帰敬《ききょう》の意、つまり、阿弥陀仏に帰依《きえ》し尊敬するという心をあらわす。

次の「法蔵菩薩因位時《ほうぞうぼさついんいじ》」から「難中之難無過斯《なんちゅうしなんむかし》」までは、阿弥陀仏の本願成就と、一切の衆生は阿弥陀仏の本願によって成就するという信心の利益を示し、釈迦も本願他力によって悟りを開いたのであると説く。

以下、「印度西天之論家《いんどさいてんしろんげ》」から「必以信心為能入《ひっちしんじんいのうにゅう》」までは、インド・中国・日本の七高僧（インドの竜樹《りゅうじゅ》菩薩、天親《てんじん》菩薩、中国の曇鸞《どんらん》大師、道綽《どうしゃく》大師、善導大師、日本の源信《げんしん》僧都、法然《ほうねん》上人）の論釈を賛嘆し、阿弥陀仏への信心をすすめて終わっている。

阿弥陀信仰、とくに、親鸞を開祖とする浄土真宗の信仰は、「絶対他力」という思想を抜きにしては語れない。「絶対他力」については、さまざまな考え方があるが、一言でいえば、阿弥陀仏にすべてを任せ切るということである。

阿弥陀仏の本願を信じて任せ切れば、「能《よ》く一念喜愛の心を発すれば、煩悩を断ぜずして涅槃を得るなり（よく本

願を信じて喜びの心を起こせば、煩悩を断たなくても悟りを開くことができる)」「弥陀仏の本願を憶念《おくねん》すれば、自然《じねん》に即の時必定に入る(阿弥陀仏の本願を信ずる者は、かならず仏になる身と定まる)」というのだ。

それでは、すべてを任せ切るとはどういうことだろうか。それは、自分のありのままの姿をさらけだすということではないだろうか。見栄や体裁をかなぐり捨てて〝裸〟になったとき、本当の自分というものが見えてくる。

世間体を気にしたり、いたずらなプライドで自分をつくろっていると、いつの間にか、本当の自分を見失ってしまう。その結果、迷いの世界に落ちてしまうのである。

赤ん坊が母親にたいするように、私たちも無心にありのままの自分をさらけだす機会をもつことが大事である。そこに、絶対的な安心感が生まれ、地に足のついた生き方ができるのではないだろうか。『正信偈』を聴聞《ちょうもん》しながら、そうした思いをかみしめるのも深い意味があるといえよう。

正信念仏偈

原文と現代語訳

帰《き》命《みょう》無《む》量《りょう》寿《じゅ》如《にょ》来《らい》
南《な》無《も》不《ふ》可《か》思《し》議《ぎ》光《こう》
法《ほう》蔵《ぞう》菩《ぼ》薩《さつ》因《いん》位《に》時《じ》
在《ざい》世《せ》自《じ》在《ざい》王《おう》仏《ぶつ》所《しょ》
観《と》見《けん》諸《しょ》仏《ぶつ》浄《じょう》土《ど》因《いん》
国《こく》土《ど》人《にん》天《でん》之《し》善《ぜん》悪《まく》
建《こん》立《りゅう》無《む》上《じょう》殊《しゅ》勝《しょう》願《がん》

計り知れない寿命《いのち》と、極まりない智慧《ちえ》の光をたたえる仏に帰《き》依《え》したてまつる。

阿《あ》弥《み》陀《だ》如《にょ》来《らい》がかつて法蔵菩薩として修行していたとき、世《せ》自《じ》在《ざい》王《おう》仏《ぶつ》のもとで、諸仏の浄土のいわれや、この国土に住む人たちの善悪を見て、このうえないすぐれた願いをたてられ、世を救うべきこよなく偉大な誓いを起こされた。

世自在王仏＝人々を救うために出現した五四番目の仏。法蔵菩薩（のちの阿弥陀仏）の師。世に在って自在の力を発揮する者の王という意味。

超《ちょう》発《ほっ》希《け》有《う》大《だい》弘《ぐ》誓《ぜい》
五《ご》劫《こう》思《し》惟《ゆい》之《し》摂《しょう》受《じゅ》
重《じゅう》誓《せい》名《みょう》声《しょう》聞《もん》十《じっ》方《ぽう》
普《ふ》放《ほう》無《む》量《りょう》無《む》辺《へん》光《こう》
無《む》碍《げ》無《む》対《たい》光《こう》炎《えん》王《のう》
清《しょう》浄《じょう》歓《かん》喜《ぎ》智《ち》慧《え》光《こう》
不《ふ》断《だん》難《なん》思《し》無《む》称《しょう》光《こう》
超《ちょう》日《にち》月《がっ》光《こう》照《しょう》塵《じん》刹《せつ》
一《いっ》切《さい》群《ぐん》生《じょう》蒙《む》光《こう》照《しょう》

五劫《ごこう》という果てしもなく長い間、深い思いで、諸仏の智慧を求め、これを得られた。

さらに、重ねてその名声をあまねくこの世に聞こえさせようと誓いを起こされた。その名声は全世界に聞こえた。

如来の放つ光明は、計り知れず、妨げるものもなく、比べるものもなく、威力に満ちて、清らかで喜びあふれる智慧の光であり、絶えることなく、人間の思いなども及ばない。

太陽や月の光よりも超えて、あらゆる国のすみずみまでも照らし、生きとし生けるものみなに、あまねく恵みの光明を受けさせる。

本《ほん》願《がん》名《みょう》号《ごう》正《しょう》定《じょう》業《ごう》
至《し》心《しん》信《しん》楽《ぎょう》願《がん》為《に》因《いん》
成《じょう》等《とう》覚《がく》証《しょう》大《だい》涅《ね》槃《はん》
必《ひっ》至《し》滅《めつ》度《ど》願《がん》成《じょう》就《じゅ》
如《にょ》来《らい》所《しょお》以《い》興《こう》出《しゅっ》世《せ》
唯《ゆい》説《せつ》弥《み》陀《だ》本《ほん》願《がん》海《かい》
五《ご》濁《じょく》悪《あく》時《じ》群《ぐん》生《じょう》海《かい》
応《おう》信《しん》如《にょ》来《らい》如《にょ》実《じつ》言《ごん》
能《のう》発《ほっ》一《いち》念《ねん》喜《き》愛《あい》心《しん》

本願を成就《じょうじゅ》させる名号《みょうごう》は、往生をとげさせる力であり、この心を信じておしいただけば、それが因《いん》となり来世に必ず仏になることが決定し、浄土に生まれて仏の悟りを開くのである。

仏（釈尊）がこの世に出現したわけは、ただ阿弥陀如来の大海のような本願を説くためであった。五濁悪世《ごじょくあくせ》にいる人々は、仏の真実の言葉を信じるべきである。

五濁悪世＝五濁とは、生命の濁りの諸相を五つに分けたもの。劫濁《こうじょく》・煩《ぼん》悩濁《のうじょく》・衆生濁《しゅじょうじょく》・見濁《けんじょく》・命濁《みょうじょく》のこと。五濁悪世とは、五濁の盛んな悪い世の中のこと。

不《ふ》断《だん》煩《ぼん》悩《のう》得《とく》涅《ね》槃《はん》
凡《ぼん》聖《じょう》逆《ぎゃく》謗《ほう》斉《さい》廻《え》入《にゅう》
如《にょ》衆《しゅ》水《し》入《にゅう》海《かい》一《いち》味《み》
摂《せっ》取《しゅ》心《しん》光《こう》常《じょう》照《しょう》護《ご》
已《い》能《のう》雖《すい》破《は》無《む》明《みょう》闇《あん》
貪《とん》愛《ない》瞋《しん》憎《ぞう》之《し》雲《うん》霧《む》
常《じょう》覆《ふ》真《しん》実《じつ》信《しん》心《じん》天《てん》
譬《ひ》如《にょ》日《にっ》光《こう》覆《ふ》雲《うん》霧《む》
雲《うん》霧《む》之《し》下《げ》明《みょう》無《む》闇《あん》

そして、喜愛の心を起こせば、煩悩を断たなくても悟りを得ることができる。凡夫でも聖人でも、五逆罪《ごぎゃくざい》を犯したり仏法を謗《そし》ったりした者も、ひとしく、心をめぐらして本願の海に帰入すれば、川の水が海に流れ入れば一味同心となるように悟りを得ることができるのである。

如来は、救いの光明を放って、常に人々を守っている。その光は無明の闇を破るとはいっても、貪《むさぼ》りや憎しみ、怒りの霧雲が真実の信心を覆い隠している。

五逆罪＝五種のもっとも重い罪のこと。①父を殺し、②母を殺し、③阿《あ》羅漢《らかん》を殺し、④仏身より血を出し、⑤和合僧を破るという五つの罪。和合僧を破るとは、仏の教団を分裂・破壊させること。

獲《ぎゃく》信《しん》見《けん》敬《きょう》大《だい》慶《きょう》喜《き》
即《そく》横《おう》超《ちょう》截《ぜつ》五《ご》悪《あく》趣《しゅ》
一《いっ》切《さい》善《ぜん》悪《まく》凡《ぼん》夫《ぶ》人《にん》
聞《もん》信《しん》如《にょ》来《らい》弘《ぐ》誓《ぜい》願《がん》
仏《ぶつ》言《ごん》広《こう》大《だい》勝《しょう》解《げ》者《しゃ》
是《ぜ》人《にん》名《みょう》分《ふん》陀《だ》利《り》華《け》
弥《み》陀《だ》仏《ぶつ》本《ほん》願《がん》念《ねん》仏《ぶつ》
邪《じゃ》見《けん》憍《きょう》慢《まん》悪《あく》衆《しゅ》生《じょう》
信《しん》楽《ぎょう》受《じゅ》持《じ》甚《じん》以《に》難《なん》

しかし、太陽が雲や霧に覆い隠されていても、雲や霧の下は明るく闇がない。

信心を得て仏を敬い、仏の大慈悲を喜ぶ人々は、たちまち迷いの闇を超えることができる。善人・悪人の区別なく、すべての凡夫《ぼんぷ》が阿弥陀如来の誓願を信じれば、仏はそれらの人々を「大いなる智慧者」「分陀利華《ふんだりけ》(白蓮華)」とたたえられる。

凡夫＝愚かで凡庸な人間のこと。煩悩・業・苦に束縛され、迷いの世界（六道）で生死をくり返す者。

難中之難無過斯《なんちゅうしなんむかし》
印度西天之論家《いんどさいてんしろんげ》
中夏日域之高僧《ちゅうかじちいきしこうそう》
顕大聖興世正意《けんだいしょうこうせしょうい》
明如来本誓応機《みょうにょらいほんぜいおうき》
釈迦如来楞伽山《しゃかにょらいりょうがせん》
為衆告命南天竺《いしゅごうみょうなんてんじく》
龍樹大士出於世《りゅうじゅだいじしゅっとせ》
悉能摧破有無見《しつのうざいはうむけん》

阿弥陀如来の本願による念仏は、邪《よこしま》な考えや傲慢《ごうまん》な心をもつ人々にとって、信じて受け持《たも》つことは非常に難しく、至難の業《わざ》といっていい。

インドの論家（龍樹《りゅうじゅ》・天親）、中国や日本の高僧（曇鸞《どんらん》・道綽《どうしゃく》・善導《ぜんどう》・源信・源空）は「大聖（釈尊）がこの世に出現されたのは、阿弥陀如来の本願を説くことにあった」と明らかにし、「それは、われわれの機根《きこん》にかなわせるため」と説かれた。

釈迦如来は楞伽山《りょうがせん》で、このように人々に告げられた。

龍樹＝一五〇～二五〇年頃の南インドの大乗論師。付法蔵第十四祖。大乗思想の大成者で八宗（倶舎《くしゃ》・成実《じょうじつ》・律・法相《ほっそう》・三論《さんろん》・華厳・真言・天台）の祖師ともいわれる。著書には『中論』『大智度論』『十住毘婆沙《じゅうじゅうびばしゃ》論』など多数ある。

天親＝四～五世紀頃のインドの学僧。世親とも訳す。『倶舎論《くしゃ》』など大乗の論を多くつくり、大乗教を宣説した。

曇鸞＝四七六～五四二年。中国浄土宗の祖。著書に『往生論註』など。

道綽＝五六二～六四五年。中国隋・唐時代の浄土宗の僧。浄土五祖の第二祖。浄土宗を独立大成させた。

宣《せん》説《せつ》大《だい》乗《じょう》無《む》上《じょう》法《ほう》
証《しょう》歓《かん》喜《ぎ》地《じ》生《しょう》安《あん》楽《らく》
顕《けん》示《じ》難《なん》行《ぎょう》陸《ろく》路《ろ》苦《く》
信《しん》楽《ぎょう》易《い》行《ぎょう》水《しい》道《どう》楽《らく》
憶《おく》念《ねん》弥《み》陀《だ》仏《ぶつ》本《ほん》願《がん》
自《じ》然《ねん》即《そく》時《じ》入《にゅう》必《ひつ》定《じょう》
唯《ゆい》能《のう》常《じょう》称《しょう》如《にょ》来《らい》号《ごう》
応《おう》報《ほう》大《だい》悲《ひ》弘《ぐ》誓《ぜい》恩《おん》
天《てん》親《じん》菩《ぼ》薩《さつ》造《ぞう》論《ろん》説《せつ》

善導＝六一三～六八一年。中国浄土宗の第三祖。道綽のもとで観無量寿経を学び、念仏を行じた。師の没後、光明寺で称名念仏の弘教に努めた。
源信＝九四二～一〇一七年。日本天台宗の僧。寛和元年（九八五）に『往生要集』三巻を完成した。
源空＝一一三三～一二一二年。日本浄土宗の開祖・法然のこと。著書に『選択本願念仏集』二巻、『浄土三部経釈』『往生要集釈』などがある。
機根＝衆生の性根・性質・根性のこと。機は仏の説法を聞き、受け入れて発動する衆生の可能性をいい、根は仏果を開発する根本の性分・性質をいう。
楞伽山＝南インドの山。

「南インドに龍樹菩薩が出現し、有と無の二つに偏《かたよ》る見解を打ち破り、大乗仏法の尊い教えを広め、歓喜地を証明し、命終わって安楽浄土に生まれるだろう」と。

龍樹菩薩は「難行《なんぎょう》は険しい陸路をいくようなものであり、易行《いぎょう》の信心は水路を船で進むように楽である」といい、さらに、阿弥陀如来の本願を信じる人は、自然に仏になれること（悟りを得ること）が定められているのだから、ただつねに阿弥陀如来の名号をとなえ、

帰き命みょう無む碍げ光こう如にょ来らい

依え修しゅ多た羅ら顕けん真しん実じつ

光こう闡せん横おう超ちょう大だい誓せい願がん

広こう由ゆ本ほん願がん力りき回え向こう

為い度ど群ぐん生じょう彰しょう一いっ心しん

帰き入にゅう功く徳どく大だい宝ほう海かい

必ひつ獲ぎゃく入にゅう大だい会え衆しゅ数すう

得とく至し蓮れん華げ蔵ぞう世せ界かい

即そく証しょう真しん如にょ法ほっ性しょう身じん

如来の大慈悲に、報いるべきだとも言っている。天親菩薩は論を説いて無碍光如来に帰依され、横超の大誓願を明らかにされた。

典によって真実をあらわし、浄土経れた。

如来がめぐらされる本願力によって、すべての人々を救うために一心（信心）を明らかにしたのである。さらに、功徳の大宝海に帰入すれば、必ず菩薩たちの仲間に入ることができる。

歓喜地＝この世における正定聚（正しく悟りがひらけると決まっている人々）の位、不退転の位。

難行＝難行道のこと。実践が困難な修行のこと。で長期間にわたって修行を積み、自力によって仏果を得る法門をいう。

易行＝易行道のこと。難行道に対する語。易行とは、他力によって浄土に往生して悟りを得る法門をいう。

横超＝横は浄土易行を意味し、超は一足飛びに悟りに至ることをいう。横超は浄土阿弥陀仏を信じることにより、すみやかに浄土往生がかなうこと。

遊煩《ぼん》悩《のう》林《りん》現《げん》神《じん》通《ずう》
入生《にゅうしょう》死《じ》園《おん》示《じ》応《おう》化《げ》
本《ほん》師《し》曇《どん》鸞《らん》梁《りょう》天《てん》子《し》
常向《じょうこう》鸞《らん》処《しょ》菩《ぼ》薩《さつ》礼《らい》
三《さん》蔵《ぞう》流《る》支《し》授《じゅ》浄教《じょうきょう》
梵《ぼん》焼《じょう》仙《せん》経《ぎょう》帰《き》楽《らく》邦《ほう》
天《てん》親《じん》菩《ぼ》薩《さつ》論《ろん》註《ちゅう》解《げ》
報《ほう》土《ど》因《いん》果《が》顕《けん》誓《せい》願《がん》
往《おう》還《げん》回《ね》向《こう》由《ゆ》他《た》力《りき》

蓮華蔵世界ともいわれる極楽浄土に生まれれば、ただちに真理を体現した仏となる。また煩悩《ぼんのう》の林（世の中）に立ち戻り、神通力《じんずうりき》をあらわし、輪廻《りんね》の園（生死に苦しむ人の中）に入って教化の働きをすると説いている。

梁《りょう》の天子は、本師・曇鸞大師を菩薩として礼拝し敬った。曇鸞大師はもともと神仙の術に親しんでいたが、三蔵法師である菩提流支《ぼだいるし》から教え（観無量寿経）を授けられると、神仙の書物を焼き捨てて、浄土の教えに帰依したのである。

梁の天子＝梁の武帝。
三蔵法師＝経・律・論の三つを三蔵といい、これに精通した学僧をいう。
菩提流支＝中国・南北朝時代の訳経僧。曇鸞に観無量寿経を伝授し、天親の浄土論を伝訳したので浄土教の一祖として尊崇されている。

正定《しょうじょう》之《し》因《いん》唯《ゆい》信《しん》心《じん》
惑《わく》染《ぜん》凡《ぼん》夫《ぶ》信《しん》心《じん》発《ぽっ》
証《しょう》知《ち》生《しょう》死《じ》即《そく》涅《ね》槃《はん》
必《ひっ》至《し》無《む》量《りょう》光《こう》明《みょう》土《ど》
諸《しょ》有《おう》衆《しゅ》生《じょう》皆《かい》普《ふ》化《け》
道《どう》綽《しゃく》決《けっ》聖《しょう》道《どう》難《なん》証《しょう》
唯《ゆい》明《みょう》浄《じょう》土《ど》可《か》通《つう》入《にゅう》
万《まん》善《ぜん》自《じ》力《りき》貶《へん》勤《ごん》修《しゅう》
円《えん》満《まん》徳《とく》号《ごう》勧《かん》専《せん》称《しょう》

曇鸞大師は天親菩薩の『浄土論』の注釈書である『浄土論註』を著し、安楽浄土の因果もすべて阿弥陀如来の本願によるものであり、往相《おうそう》（浄土に往生すること）も還《げん》相《そう》（この世に戻って衆生を救う働き）も、すべて阿弥陀如来の他力によると示された。この他力を信じることが、唯一浄土に生まれる因なのである。煩悩にわずらう凡夫も信心を起こせば、生死即涅槃《しょうじそくねはん》という仏の悟りを得ることができ、光明無量の浄土に生まれて仏になれば、もろもろの人々を救うことができると説いている。

道綽禅師は、聖道門《しょうどうもん》では末世の凡夫は悟りを得ることができないといい、ただ浄土門だけが悟りを得ることができると明らかにした。

生死即涅槃＝生死（苦しみ）がそのまま涅槃（悟り）となり、生死も涅槃もその体は一心不二であること。

聖道門＝自力によって、この現実世界で成仏することができると説く法門のこと。自力で善根を積む修行をしりぞけ、徳を円満に備えている名号を専らに称えるべきことを勧めている。

三《さん》不《ぷ》三《さん》信《しん》誨《け》慇《おん》懃《ごん》
像《ぞう》末《まつ》法《ほう》滅《めつ》同《どう》悲《ひ》引《いん》
一《いっ》生《しょう》造《ぞう》悪《あく》値《ち》弘《ぐ》誓《ぜい》
至《し》安《あん》養《にょう》界《がい》証《しょう》妙《みょう》果《か》
善《ぜん》導《どう》独《どく》明《みょう》仏《ぶつ》正《しょう》意《い》
矜《こう》哀《あい》定《じょう》散《さん》与《よ》逆《ぎゃく》悪《あく》
光《こう》明《みょう》名《みょう》号《ごう》顕《けん》因《いん》縁《ねん》
開《かい》入《にゅう》本《ほん》願《がん》大《だい》智《ち》海《かい》
行《ぎょう》者《じゃ》正《しょう》受《じゅ》金《こん》剛《ごう》心《しん》

浄土門＝現実世界を穢土《えど》（汚れた世界）として嫌い、他力によって極楽浄土に往生することを説く法門。

あらゆる自力による功徳に頼らずひたすら円満なる名号をとなえよと、三不三信《さんぷさんしん》を引用して、ねんごろに教え示された。像法《ぞうほう》や末法という正法が滅する時代にも、如来は大悲をもって人々を導くので、一生涯、悪業を積み続ける私たち凡夫も、本願を信じれば必ず安楽の浄土に往生し、仏の悟りを得ることができるのである、と。

善導大師は独り、仏の正しい教えを明らかにした。禅《ぜん》定《じょう》に入って修行する者も、世間的な善行を積む者も、十悪や五逆罪を犯す悪人も、阿弥陀仏の名号や光明を因縁として浄土に往生できることを明らかにした。

三不三信＝三信と三不信のこと。三信とは正しい信心の三つの姿（素直で、二心なく、余念がないこと）。三不信とは正しくない信心の三つの姿（素直でなく、二心あり、余念があること）。

像法＝像法時代のこと。仏（釈尊）が入滅した後を正・像・末の三時に分け、像法はその第二にあたる。さまざまな説があるが、釈尊入滅後の千年から二千年の間が像法時代といわれている。

慶《きょう》喜《き》一《いち》念《ねん》相《そう》応《おう》後《ご》
与《よ》韋《い》提《だい》等《とう》獲《ぎゃく》三《さん》忍《にん》
即《そく》証《しょう》法《ほっ》性《しょう》之《し》常《じょう》楽《らく》
源《げん》信《しん》広《こう》開《かい》一《いち》代《だい》教《きょう》
偏《へん》帰《き》安《あん》養《にょう》勧《かん》一《いっ》切《さい》
専《せん》雑《ぞう》執《しゅう》心《しん》判《はん》浅《せん》深《じん》
報《ほう》化《け》二《に》土《ど》正《しょう》弁《べん》立《りゅう》
極《ごく》重《じゅう》悪《あく》人《にん》唯《ゆい》称《しょう》仏《ぶつ》
我《が》亦《やく》在《ざい》彼《ひ》摂《せっ》取《しゅ》中《ちゅう》

末法＝末世・末代のこと。釈尊滅後二千年以降が末法といわれている。末法時代は正しい法が隠没してしまい、邪見がはびこり、衆生は争いをくり返す時代という。

十悪＝十種の悪業のこと。殺生・偸盗《ちゅうとう》（盗み）・邪淫《じゃいん》・妄語（虚言）・倚語《きご》（真実に背いて巧みに言葉を飾りたてる）・悪口・両舌（二枚舌を使う）・貪欲（欲張り）・瞋恚《しんい》（怒り）・愚癡《ぐち》（おろか）をいう。

さらに、本願の智慧の大海に帰入すれば、人々は金剛石のような堅固な信心を得ることができ、喜びの心が生じたとき、韋提《いだい》と同じように三忍を得て、常住・安楽の悟りを開くことができるのである、と。

源信和尚は、釈尊一代の教えを広く究め、ひとえに安《あん》養《にょう》浄土に帰入することを願い、悩み苦しむ人々をあわれんで世の中の人にもこれを勧めた。そして人々を、他力を専《もっぱ》らにする信心深い者と、自力を雑《まじ》える信心の浅い者とに分け、信心の深い者は真実の報土《ほうど》に生まれ、信心の浅い者は方便の化土《けど》に生まれると明確に区別した。

韋提＝韋提希《いだいけ》夫人のこと。中インド・マカダ国の頻婆娑羅《びんびさら》王の夫人で阿《あ》闍世《じゃせ》王の母。釈尊は夫人のために観無量寿経を説いた。

煩《ぼん》悩《のう》障《しょう》眼《げん》雖《すい》不《ふ》見《けん》
大《だい》悲《ひ》無《む》倦《けん》常《じょう》照《しょう》我《が》
本《ほん》師《し》源《げん》空《くう》明《みょう》仏《ぶっ》教《きょう》
憐《れん》愍《みん》善《ぜん》悪《まく》凡《ぼん》夫《ぶ》人《にん》
真《しん》宗《しゅう》教《きょう》証《しょう》興《こう》片《へん》州《しゅう》
選《せん》択《じゃく》本《ほん》願《がん》弘《ぐ》悪《あく》世《せ》
還《げん》来《らい》生《しょう》死《じ》輪《りん》転《でん》家《げ》
決《けっ》以《ち》疑《ぎ》情《じょう》為《い》所《しょ》止《し》
速《そく》入《にゅう》寂《じゃく》静《じょう》無《む》為《い》楽《らく》

三忍＝三心のこと。往生を喜ぶ心、智慧を悟る心、信心の決定した心をいう。
報土＝実報無障礙土のこと。四土の一つで、実報土ともいう。
化土＝方便の願によってあらわれた仮の浄土。

極悪の悪人であれば阿弥陀如来の名号をとなえるほかはない。私にしても如来の光明に摂取されているにもかかわらず、煩悩のために眼が曇って如来を見ることができない。しかし、如来は大慈悲をもって、あくことなくつねに私を照らしてくれているといわれた。

本師・源空（法然）聖人は仏教を明らかに究《きわ》め、善悪の凡夫を憐《あわ》れんで真宗の教えとその救いをわが国に興《おこ》し、阿弥陀如来の本願の念仏を救いがたきこの世に広められたのである。われわれが果てることなき生死流転の迷いの世界にいるのは、仏の教えに疑いをもつゆえである。

必《ひっ》以《ち》信《しん》心《じん》為《い》能《のう》入《にゅう》
弘《ぐ》経《きょう》大《だい》士《じ》宗《しゅう》師《し》等《とう》
拯《じょう》済《さい》無《む》辺《へん》極《ごく》濁《じょく》悪《あく》
道《どう》俗《ぞく》時《じ》衆《しゅ》共《ぐ》同《どう》心《しん》
唯《ゆい》可《か》信《しん》斯《し》高《こう》僧《そう》説《せつ》

すみやかに寂《じゃく》静《じょう》無《む》為《い》（涅槃《ねはん》）の浄土に生まれられるのは、必ず信心によってである、と。

菩薩や祖師たちは真実の教えを広め、無数の極悪の人々を救ってきた。世の中の人々は出家・在家を問わず、ともに同じ心を起こして、ただこれらの高僧たちの説を信じるべきである。

修証義《しゅしょうぎ》

曹洞宗

●『修証義』とはどんなお経か

『修証義《しゅしょうぎ》』は、曹洞宗でもっとも親しまれている宗典《しゅうてん》である。「曹洞宗儀礼規程」の中で、『修証義』は日々のおつとめや葬儀、法事などでつねに用いられる宗典の一つとしてあげられている。また、「曹洞宗宗憲」では、「本宗は、修証義の四大綱領に則《のっと》り、禅戒一如《ぜんかいいちにょ》、修《しゅ》証不二《しょうふに》の妙諦《みょうてい》を実践することを教義の大綱とする」と定められているように、曹洞宗の重要な教義が示されているお経なのである。

この『修証義』は明治二十年代に、道元禅師の教えを在家の檀信徒にわかりやすくするために、その著『正法眼蔵《しょうぼうげんぞう》』九五巻のうちから文言を選び出して編集したものである。

初めは、日本盲唖学校の創立者であり、専修大学の学長も務めた大内青巒《せいらん》によって、『洞上修証義』が刊行された。ついで、『洞上在家修証義』を在家化導の標準として正式に採用してほしいという大内らの建議を受けて、当時の永平寺貫首・滝谷琢宗《たきやたくしゅう》と総持寺貫首・畔《あぜ》上楳仙《がみばいせん》の両禅師が徹底的な内容の検討をくわえ、関係機関の審議を経て、明治二三年一二月一日、『曹洞教会修証義』として一宗に公布した。現在は、『修証義』が正式名称となっている。

内容は全五章からなっているが、各章のポイントをまとめると次のようになる。

第一章総序《そうじょ》では、縁によって人間としての生を受け、仏法にめぐりあえたことはすばらしいことであり、生老病死の中にあって、そのかけがえのない生を充実させなければならないと説いている。

第二章懺悔滅罪《さんげめつざい》では、自分自身が過去から犯してきたもろもろの悪業を自覚し、心の底から懺悔するとき仏の加護があると説く。

第三章受戒入位《じゅかいにゅうい》では、三宝《さんぼう》（仏宝・法宝・僧宝）への帰依《きえ》をすすめている。そのためには、三つの浄《きよ》らかな戒と十か条の大切な戒を受けなければならないという。

第四章発願利生《はつがんりしょう》では、自分のことはさておいても、他のために尽くすという菩薩の誓願を起こし、これを完成しようと努めることが大事であると説く。

第五章行持報恩《ぎょうじほうおん》では、この世に人として生を受けることができたのは、多くの仏祖や師祖のおかげであり、そ

の御恩に報いるためには、見返りやはからいを捨てて、たゆまず仏道修行に励むことであると結んでいる。

私たちが、この『修証義』で学べきことは生命の尊さということではないだろうか。私たちは自分で勝手に生まれ育ってきたわけではない。両親をはじめ数多くの祖先がいて、はじめていまの自分という存在があるのだ。その連綿《れんめん》とした時間と生命のつながりこそ、仏のはからいにほかならない。

仏教では、人間としてこの世に生まれてくることは稀《まれ》であると説く。六道輪廻《ろくどうりんね》といって、多くの人は過去世からの罪によって、人間界以外の地獄界や餓鬼《がき》界、畜生《ちくしょう》界などに生まれ落ちて、苦しみを受けるといわれている。

生命はかけがえのないものなのだが、一方では、はかない存在でもある。私たち凡夫は、いつまでもこの生が続くように思っているが、ある日、突然死に直面することもある。この尊い生命をムダにしないために、一日一日、一瞬一瞬を精一杯生きることである。できることならば、いつまで生きても、いつ死んでも悔いはないと思える生き方をしたいものだ。そのためにも、『修証義』の一節一句を自らの戒めとしてとらえ、前向きな生き方を心がけていきたいものである。

修証義　原文と現代語訳

第一章　総序《そうじょ》

生《しょう》を明《あき》らめ死《し》を明《あき》らむるは仏家《ぶっけ》一大事《いちだいじ》の因縁《いんねん》なり、生《しょう》死《じ》の中《なか》に仏《ほとけ》あれば生死《しょうじ》なし、但生死即《ただしょうじすなわ》ち涅槃《ねはん》と心得《こころえ》て、生死《しょうじ》として厭《いと》うべきもなく、涅槃《ねはん》として欣《ねご》うべきもなし、

第一章　総序

生死という問題を徹底して明らかにすることこそ、仏教を修行する者にとってはもっとも大事な目的である。

生死そのものを仏（成仏、悟り）と見るならば、生とか死はないといっていい。生死を悟りであると心得れば、もはや生も死も厭《いと》うものではなく、悟りを得るものとして求めるべきものでもない。

生死＝生き死に。生・老・病・死。その中での迷いや苦しみ。

是時《このとき》初《はじ》めて生死《しょうじ》を離《はな》るる分《ぶん》あり、唯《ただ》一大事因縁《いちだいじいんねん》と究尽《ぐうじん》すべし。人身《にんしん》得《う》ること難《かた》し、仏法《ぶっぽう》値《お》うこと希《ま》れなり、今《いま》我等《われら》宿善《しゅくぜん》の助《たす》くるに依《よ》りて、已《すで》に受《う》け難《がた》き人身《にんしん》を受《う》けたるのみに非《あら》ず、遇《あ》い難《がた》き仏《ぶっ》法《ぽう》に値《あ》い奉《たてまつ》れり、生死《しょうじ》の中《なか》の善生《ぜんしょう》、最勝《さいしょう》の生《しょう》なるべし、

そのとき初めて、生死の苦悩から解き放される。ひたすら一大事因縁と究《きわ》め尽くすべきなのである。

生きとし生けるものの中で、人として生まれてくることは難しく、ましてや仏法にあうことも稀《まれ》である。いま私たちは、過去世に積んだ善根の助けによって、受けがたい人間として生まれただけでなく、あいがたい仏法にもあうことができた。これは、生死流転の中の尊い生であり、もっともすぐれた生涯である。

一大事因縁＝仏がこの世に出現した本意。

最勝の善身を徒らにして露命《めい》を無常《むじょう》の風《かぜ》に任《まか》すること勿《なか》れ。無常憑《むじょうたの》み難《がた》し、知《し》らず露命《ろめい》いかなる道《みち》の草《くさ》にか落《お》ちん、身《み》已《すで》に私《わたくし》に非《あら》ず、命《いのち》は光陰《こういん》に移《うつ》されて暫《しばら》くも停《とど》め難《がた》し、紅顔《こうがん》いずくへか去《さ》りにし、尋《たず》ねんとするに蹤跡《しょうせき》なし。熟《つらつら》観《かん》ずる所《ところ》に往《おう》

このようなすばらしい生命を受けたのだから、いたずらに過ごし、はかない命を無常の風に任せてはならない。

「無常」に身をまかせてはならない。はかなくもろい命は、いつ露のように路傍《ろぼう》の草に落ちてしまうかしれない。

この身は自分の思うようにはならず、命は時の流れによって、つかの間もとどまることはない。紅顔《こうがん》の少年時代はいつの間にかどこかへ消え去り、その面影を探しまわっても跡形さえない。

無常＝常に生滅変化して移り変わり、瞬時も同じ状態にとどまらないこと。

事《じ》の再《ふたた》び逢《お》うべからざる多《おお》し、無常《むじょう》忽《たちま》ちに到《いた》るときは国王大臣親暱従僕妻子珍宝《こくおうだいじんしんじつじゅうぼくさいしちんぽう》たすくる無《な》し、唯独《ただひと》り黄泉《こうせん》に趣《おもむ》くのみなり、己《おの》れに随《したが》い行《ゆ》くは只是《ただこ》れ善悪業等《ぜんあくごっとう》のみなり。今《いま》の世《よ》に因果《いんが》を知《し》らず業報《ごっぽう》を明《あき》らめず、三世《さんぜ》を知《し》らず、善悪《ぜんあく》を弁《わき》まえざる

よくよく考えてみれば、過ぎ去った日々は取り戻せない。無常の風が起これば、国王も大臣も親しい人も、自分に従う人や妻子や財産も、何の助けにもならない。ただ一人で、死におもむくだけである。あの世におもむく自分に従うのは、ただ生前に自らが積んだ善悪の業だけである。

いまの世の中で、結果には必ず原因があるという因果の道理も知らず、業(行為)による報いがあることを明らかにすることもなく、それが過去・現在・未来という三世にわたることも知らず、善悪の区別もつかない誤った考え方の持ち主に同調してはならない。

邪見の党侶には群すべからず、大凡《おおよそ》因果《いんが》の道理《どうり》歴然《れきねん》として私《わたくし》なし、造悪《ぞうあく》の者《もの》は堕《お》ち修善《しゅぜん》の者《もの》は陞《のぼ》る、毫釐《ごうり》も忒《たが》わざるなり、若《も》し因果《いんが》亡《ぼう》じて虚《むな》しからんが如《ごと》きは、諸仏《しょぶつ》の出世《しゅっせ》あるべからず、祖師《そし》の西来《せいらい》あるべからず。善悪《ぜんあく》の報《ほう》に三時《さんじ》あり、一者《ひとつには》

いうまでもなく、因果の道理は明確であって私見や私情が入る余地はない。悪いことをした者は地獄に堕《お》ち、善いことをした者は成仏する。この道理は、いささかも違《たが》うことはない。

もし、因果の道理があやふやなものであるならば、諸仏がこの世に出現するわけもないし、祖師がインドから中国へ渡り正法を伝えることもなかった。

祖師＝インドから中国に仏法を伝えた達磨大師のこと。

順現報受《じゅんげんほうじゅ》、二者順次生受《ふたつにはじゅんじしょうじゅ》、三者順後次受《みつにはじゅんごじじゅ》、これを三時《さんじ》という、仏祖《ぶっそ》の道《どう》を修習《しゅじゅう》するには、其最初《そのさいしょ》より斯三時《このさんじ》の業報《ごっぽう》の理《り》を効《なら》い験《あき》らむるなり。爾《しか》あらざれば多《おお》く錯《あやま》りて邪見《じゃけん》に堕《お》つるなり、但《ただ》邪見《じゃけん》に堕《お》つるのみに非《あら》ず、悪道《あくどう》に堕《お》ちて長時《ちょうじ》の苦《く》を受《う》

善悪の業には三種類ある。

一つは順現報受《じゅんげんほうじゅ》、二つには順次生受《じゅんじしょうじゅ》、三つには順《じゅん》後次受《ごじじゅ》である。仏(釈尊)や祖師の教えを信受し、修行するにさいしては、この三種類の業報の道理を、きわめ尽くさなければならない。

そうしなければ、多くの人は報いなどないと決めこみ、自分勝手な邪《よこしま》な見解におちいってしまう。それはたんに邪見《じゃけん》におちいるというだけでなく、地獄・餓鬼《がき》・畜生《ちくしょう》という悪道に堕《お》ちて、はてしもなくたとえようもない苦しみを受けなければならない。

順現報受=現世のおこないの報いを現世で受けること。
順次生受=現世のおこないの報いを次の生で受けること。
順後次受=現世のおこないの報いを、あとあとに受けること。

く。当《まさ》に知《し》るべし今生《こんじょう》の我《わが》身《み》二《ふた》つ無《な》し、三《み》つ無《な》し、徒《いたず》らに邪見《じゃけん》に堕《お》ちて虚《むなし》く悪業《あくごう》を感得《かんとく》せん、惜《おし》からざらめや、悪《あく》を造《つく》りながら悪《あく》に非《あら》ずと思《おも》い、悪《あく》の報《ほう》あるべからずと邪思惟《じゃしゆい》するに依《よ》りて悪《あく》の報《ほう》を感得《かんとく》せざるには非《あら》ず。

まさに知るべきことは、いま生を受けている我身は、二つとも三つともないかけがえのないものである。

その尊い生命を得たことを忘れ、むざむざと邪見におちいり、ただ悪業の報いをうけるだけならば、なんとも惜しいことではないか。

悪業を積み重ねながら、それを悪とも思わず、悪業の報いなどないという間違った考え方をしているので、悪業の報いからのがれることができないのである。

第二章　懺悔《さんげ》滅罪《めつざい》

仏祖《ぶっそ》憐《あわれ》みの余《あま》り広大《こうだい》の慈門《じもん》を開《ひら》き置《お》けり、是《こ》れ一切衆《いっさいしゅ》生《じょう》を証入《しょうにゅう》せしめんが為《ため》なり、人天誰《にんでんたれ》か入《い》らざらん、彼《か》の三時《さんじ》の悪業報《あくごっぽう》必《かなら》ず感《かん》ずべしと雖《いえど》も、懺悔《さんげ》するが如《ごと》きは重《おも》きを転《てん》じて軽受《きょうじゅ》せしむ、又滅罪清浄《またつざいしょうじょう》ならしむるなり。

第二章　懺悔滅罪

釈尊や教えをうけついだ祖師たちは、そうした人々を憐《あわ》れみ、すでに広大な慈悲の門を開かれている。

これは、すべての人たちを苦しみから救わんとするためなのだから、誰彼となくくぐるべきである。

この門に入れば、三時の悪業報《あくごっぽう》は必ず受けなければならないにしても、懺悔《さんげ》することによって重い罪も軽く受け、また、罪を消して清らかに洗い流してくれるのである。

懺悔＝犯した罪を仏の前に告白すること。悔い改めること。

然《しか》あれば誠心《じょうしん》を専《もっぱ》らにして前仏《ぜんぶつ》に懺悔《さんげ》すべし、恁麽《いんも》するとき前仏懺悔《ぜんぶつさんげ》の功徳力《くどくりき》我《われ》を拯《すく》いて清浄《しょうじょう》ならしむ、此《この》功徳《くどく》能《よ》く無礙《むげ》の浄信精進《じょうしんしょうじん》を生長《しょうちょう》せしむるなり。浄信一《じょうしんいち》現《げん》するとき、自佗《じた》同《おな》じく転《てん》ぜらるるなり、其利益《そのりやく》普《あま》ねく情非情《じょうひじょう》に蒙《こう》ぶらしむ。其《その》

それだからこそ、誠の心をもって仏を念じて懺悔すべきである。このように、仏の前で懺悔した功徳は、その人を救い、罪障《ざいしょう》に汚れた心を清らかにしてくれる。この功徳は、何の障害もなく信心を清らかにしてくれると同時に、その信心をさらに強めてくれるのである。

清らかな信心があらわれれば、その功徳は自分だけでなくほかの人々にも及び、その利益は情非情（いのちのあるもの、いのちなきもの）にかかわらず、あらゆるものにめぐらされる。

大旨《だいし》は、願《ねが》わくは我《わ》れ設《たと》い過去《かこ》の悪業《あくごう》多《おお》く重《かさ》なりて障《しょう》道《どう》の因縁《いんねん》ありとも、仏道《ぶつどう》に因《よ》りて得道《とくどう》せりし諸仏諸祖《しょぶつしょそ》我《わ》れを愍《あわれ》みて業累《ごうるい》を解脱《げだつ》せしめ、学道障《がくどうさわ》り無《な》からしめ、其功徳法門《そのくどくほうもん》普《あま》ねく無尽法界《むじんほっかい》に充満弥綸《じゅうまんみりん》せらん、哀《あわれ》みを我《われ》に分布《ぶんぷ》すべし、仏祖《ぶっそ》の

つまり、「たとえ私が過去世において数えきれない悪業を積み、それが、仏道修行を妨げる原因となっていても、修行によって悟りを得た諸仏・諸祖よ、何とぞ私をあわれんで、悪業による煩悩から解放し、仏法を学び修行することにさまたげがありませんように。その功徳の法門は全世界に満ち満ちている。その慈悲の思いを私たちに分け与えてください」と念ずるのである。

往昔《おうしゃく》は吾等《われら》なり、吾等《われら》が当《とう》来《らい》は仏祖《ぶっそ》ならん。我昔所造《がしゃくしょぞう》諸悪業《しょあくごう》、皆由無始貪瞋癡《かいゆうむしとんじんち》、従《じゅう》身口意之所生《しんくいししょしょう》、一切我今《いっさいがこん》皆懺悔《かいさんげ》、是《かく》の如《ごと》く懺悔《さんげ》すれば必《かなら》ず仏祖《ぶっそ》の冥助《みょうじょ》あるなり、心念身儀発露白仏《しんねんしんぎほつろびゃくぶつ》すべし、発露《ほつろ》の力《ちから》罪根《ざいこん》をして銷殞《しょういん》せしむるなり。

仏祖もかつては私たちと同じであり、凡夫《ぼんぷ》の私たちも修行し悟れば、やがては仏となるのである。「私たちが昔からつくってきた悪業はみな、いつとは知れぬ間の貪瞋痴《とんじんち》という煩悩によってであり、それらは身や口や心から生じて悪業となる。そうした悪業の一切をことごとく懺悔いたします」と念ずれば、必ず仏祖の救いがある。心に信心を起こし、身をもって仏を敬い、つつみかくさず悪業を仏に告白すべきである。その行為が、罪を溶かし消し去ってしまうのである。

貪瞋癡＝煩悩の三毒のこと。一切の煩悩の根本。貪はむさぼり、欲望のこと。瞋は怒り、感情にとらわれて正しい価値判断ができないこと。癡は愚か、目先のことに左右され先が見通せないこと。

第三章　受戒《じゅかい》入位《にゅうい》

次《つぎ》には深《ふか》く仏法僧《ぶっぽうそう》の三宝《さんぼう》を敬《うやま》い奉《たてまつ》るべし、生《しょう》を易《か》え身《み》を易《か》えても三宝《さんぼう》を供養《くよう》し敬《うやま》い奉《たてまつ》らんことを願《ねご》うべし、西天東土仏祖正伝《さいてんとうどぶっそしょうでん》する所《ところ》は恭敬仏法僧《くぎょうぶっぽうそう》なり。若《も》し薄福《はくふく》少徳《しょうとく》の衆生《しゅじょう》は三宝《さんぼう》の名字《みょうじ》猶《な》お聞《き》き奉《たてまつ》らざるなり、何《いか》に

第三章　受戒入位《じゅかいにゅうい》

次には、仏法僧の三宝《さんぼう》を深く敬うべきである。生まれ変わり死に変わろうとも、つねに三宝を供養し敬うことを願うべきである。インドから中国、日本へと伝わってきた仏の正しい教えはひたすら仏法僧を敬うことが根本である。

もし、福もうすく徳が少ない人たちは、三宝の名すら聞くことはできない。ましてや、三宝に帰依することなどできない。

況《いわん》や帰依《きえ》し奉《たてまつ》ることを得《え》んや、徒《いたず》らに所逼《しょひつ》を怖《おそ》れて山神《さんじん》鬼神等《きじんとう》に帰依《きえ》し、或《あるい》は外道《げどう》の制多《せいた》に帰依《きえ》すること勿《なか》れ、彼《かれ》は其《その》帰依《きえ》に因《よ》りて衆苦《しゅく》を解脱《げだつ》すること無《な》し、早《はや》く仏法僧《ぶっぽうそう》の三宝《さんぽう》に帰依《きえ》し奉《たてまつ》りて衆苦《しゅく》を解脱《げだつ》するのみに非《あら》ず菩提《ぼだい》を成就《じょうじゅう》すべし。其《その》帰依《きえ》

幸いに因縁を得た私たちは、災いを恐れて山神や鬼神などに帰依したり、あるいは、仏教以外の誤った教えに帰依してはならない。そうした山神や鬼神、誤った教えに帰依しても、人々はもろもろの苦悩から決して救われることはない。

早く仏法僧の三宝に帰依して、苦しみから逃れるばかりでなく、悟りを得るべきである。

三宝《さんぼう》とは正《まさ》に浄心《じょうしん》を専《もっぱ》らにして或《あるい》は如来現在世《にょらいげんざいせ》にもあれ、或《あるい》は如来滅後《にょらいめつご》にもあれ、合掌《がっしょう》し低頭《ていず》して口《くち》に唱《とな》えて云《いわ》く、南無帰依仏《なむきえぶつ》、南無帰《なむき》依法《えほう》、南無帰依僧《なむきえそう》、仏《ほとけ》は是《こ》れ大師《だいし》なるが故《ゆえ》に帰依《きえ》す、法《ほう》は良薬《りょうやく》なるが故《ゆえ》に帰依《きえ》す、僧《そう》は勝友《しょうゆう》なるが故《ゆえ》に帰依《きえ》す、

三宝に帰依するとはどういうことかといえば、仏が世にいるときも、滅したあとであろうとも、合掌《がっしょう》して頭を低く下げ、「南無帰依仏《なむきえぶつ》、南無帰依法、南無帰依僧」と口にとなえるのである。

仏は、私たちを幸せに導いてくれる大師匠であるから、これに帰依するのである。法は、どんな苦しみや悩みも治してくれる良薬であるから、これに帰依するのである。僧は、仏の教えに従うすぐれた友であるから、これに帰依するのである。

仏弟子《ぶつでし》となること必《かなら》ず三帰《さんき》に依《よ》る、何《いず》れの戒《かい》を受《う》くるも必《かなら》ず三帰《さんき》を受《う》けて其後《そののち》諸戒《しょかい》を受《う》くるなり、然《しか》あれば即《すなわ》ち三帰《さんき》に依《よ》りて得戒《とくかい》あるなり。此帰依仏法僧《このきえぶっぽうそう》の功徳《くどく》、必《かなら》ず感応道交《かんのうどうこう》するとき成就《じょうじゅう》するなり、設《たと》い天上人間地《てんじょうにんげんじ》獄鬼畜《ごくきちく》なりと雖《いえど》も、感応道《かんのうどう》

仏弟子となるには必ず三宝に帰依しなければならない。どんな戒律を受けるにしても、まず三宝に帰依してから、そのあとにさまざまな戒律を受けるのである。したがって、三宝に帰依することで、その他の戒律も生かされるのである。

仏法僧の三宝に帰依する功徳は、人々の願いと仏からの救済の思いが通じ合ったときに完成する。たとえ天上の神々でも、人間でも、地獄道に堕ちて苦しんでいる人々でも、人間以外の生物でも、感応道交(仏と衆生の心が一つになること)すれば必ず帰依することができる。

交《こう》すれば必《かなら》ず帰依《きえ》し奉《たてまつ》るなり、已《すで》に帰依《きえ》し奉《たてまつ》るが如《ごと》きは生生世世《しょうしょうせせ》在在処処《ざいざいしょしょ》に増長《ぞうちょう》し、必《かなら》ず積功累徳《しゃっくるいとく》し、阿耨《あのく》多羅三藐三菩提《たらさんみゃくさんぼだい》を成就《じょうじゅ》するなり、知《し》るべし三帰《さんき》の功徳《くどく》其《そ》れ最尊最上甚深不可思議《さいそんさいじょうじんじんふかしぎ》なりということ、世尊《せそん》已《すで》に証明《しょうみょう》しまします、衆生《しゅじょう》当《まさ》に

すでに三宝に帰依していれば、生まれ変わり死に変わり、また、どんな世界にいようと信心は増長し、必ず功徳は積み重ねられ、この上ない悟りを得ることができるのである。三宝に帰依する功徳は、もっとも尊く最上であり、たとえようもなく深い不可思議なものであると知るべきである。

そのことを世尊はすでに証明しておられるのだから、人々はそのままを信じ受けとめるべきである。

信受《しんじゅ》すべし。次《つぎ》には応《まさ》に三聚浄戒《さんじゅじょうかい》を受《う》け奉《たてまつ》るべし、第一摂律儀戒《だいいちしょうりつぎかい》、第二摂善法戒《だいにしょうぜんぼうかい》、第三摂衆生戒《だいさんしょうしゅじょうかい》なり、次《つぎ》には応《まさ》に十重禁戒《じゅうじゅうきんかい》を受《う》け奉《たてまつ》るべし、第一不殺生戒《だいいちふせっしょうかい》、第二不偸盗戒《だいにふちゅうとうかい》、第三不邪婬戒《だいさんふじゃいんかい》、第四不妄語戒《だいしふもうごかい》、第五不酤酒戒《だいごふこしゅかい》、第六不説過戒《だいろくふせっかかい》、第七不自讃《だいしちふじさん》

次には、摂律儀戒《しょうりつぎかい》、摂善法戒《しょうぜんぼうかい》、摂衆生戒《しょうしゅじょうかい》の三聚浄戒《さんじゅじょうかい》を受けるのである。その次には十重禁戒を受けなければならない。一は不殺生戒《ふせっしょうかい》(命あるものを殺してはならない)、二は不偸盗戒《ふちゅうとうかい》(人の財物を盗んではならない)、三は不邪淫戒《ふじゃいんかい》(邪《よこしま》な愛欲を犯してはならない)、四は不妄語戒《ふもうごかい》(うそをついて人をだましてはならない)、五は不酤酒戒《ふこしゅかい》(みだりに酒を売り買いし、あるいは酔ってはならない)、六は不説過戒《ふせっかかい》(人の過ちを責めてはならない)、七は不自讃毀他戒《ふじさんきたかい》(自らをほめ、他人をそしってはならない)、

三聚浄戒＝唯識論などに説かれる大乗菩薩戒の一つ。摂律儀戒は仏の定めた戒律のすべてを受持《じゅじ》して悪を防ぐこと、摂善法戒は一切の善法を修すること、摂衆生戒は一切衆生を教化しその利益のために力を尽くすこと。

毀《き》佗《た》戒《かい》、第《だい》八《はち》不《ふ》慳《けん》法《ほう》財《ざい》戒《かい》、第《だい》九《く》不《ふ》瞋《しん》恚《い》戒《かい》、第《だい》十《じゅう》不《ふ》謗《ぼう》三《さん》宝《ぼう》戒《かい》なり、上《じょう》来《らい》三《さん》帰《き》、三《さん》聚《じゅ》浄《じょう》戒《かい》、十《じゅう》重《じゅう》禁《きん》戒《かい》、是《こ》れ諸《しょ》仏《ぶつ》の受《じゅ》持《じ》したまう所《ところ》なり。受《じゅ》戒《かい》するが如《ごと》きは、三《さん》世《ぜ》の諸《しょ》仏《ぶつ》の所《しょ》証《しょう》なる阿《あ》耨《のく》多《た》羅《ら》三《さん》藐《みゃく》三《さん》菩《ぼ》提《だい》金《こん》剛《ごう》不《ふ》壊《え》の仏《ぶっ》果《か》を証《しょう》するなり、誰《たれ》の智《ち》人《にん》か欣《ごん》求《ぐ》せ

八は不慳法財戒《ふけんほうざいかい》(物でも心でも施しを惜しんではならない)、九は不瞋恚戒《ふしんいかい》(怒りの心をもって自分を失ってはならない)、十は不謗三宝戒《ふぼうさんぼうかい》(三宝をそしってはならない)。これら三宝帰依や三聚浄戒、十重禁戒は諸仏が受け伝え持《たも》たれてきたものである。

戒を受ければ、過去・現在・未来のもろもろの仏が明らかにした、崩れることのない最高の智慧、成仏の果報をもたらされると証明されている。知慧をそなえた人であれば、誰もが喜んで願い求めるはずである。

ざらん、世尊《せそん》明《あき》らかに一切《いっさい》衆生《しゅじょう》の為《ため》に示《しめ》しまします、衆生仏戒《しゅじょうぶっかい》を受《う》くれば、即《すなわ》ち諸仏《しょぶつ》の位《くらい》に入《い》る、位大覚《くらいだいがく》に同《おなじ》うし已《おわ》る、真《まこと》に是《こ》れ諸仏《しょぶつ》の子《みこ》なりと。諸仏《しょぶつ》の常《つね》に此《この》中《なか》に住持《じゅうじ》たる、各各《かくかく》の方面《ほうめん》に知覚《ちかく》を遺《のこ》さず、群生《ぐんじょう》の長《とこしな》えに此中《このなか》に使用《しよう》する、各各《かくかく》

世尊（釈尊）は、すべての人々のために、明らかに示されている。人々が仏戒を受け信受すれば、その身そのまま諸仏の位に入ることができる。つまり仏と同じ位にたつというものである。こうした人々は皆、もろもろの仏の子であると。

諸仏は、つねに仏の戒法をたもち続け、いついかなる場合でも引きずられとらわれることがない。人々の別《わ》け隔《へだ》てや差別する中にあっても、心は常に平らかで、思う心に陰やしこりがない。

の知覚《ちかく》に方面《ほうめん》露《あらわ》れず、是時《このとき》十方法界《じっぽうほっかい》の土地《とち》草木《そうもく》牆壁《しょうへき》瓦《が》礫《りゃく》皆《みな》仏事《ぶつじ》を作《な》すを以《もっ》て、其《その》起《おこ》す所《ところ》の風水《ふうすい》の利益《りやく》に預《あずか》る輩《ともがら》、皆《みな》甚妙《じんみょう》不可思議《ふかしぎ》の仏化《ぶっけ》に冥資《みょうし》せられて親《ちか》き悟《さとり》を顕《あら》わす、是《これ》を無為《むい》の功徳《くどく》とす、是《これ》を無作《むさ》の功徳《くどく》とす、是《こ》れ発《ほっ》菩提心《ぼだいしん》なり。

群生（人々）が諸仏の位に立ったとき、世界中の土も草木も、石や瓦礫《がれき》までも、受戒の功徳に生かされて仏の働きをするので、吹く風や流れる水も成仏の姿となり、その風水にかかわるものまでが、いつの間にかたとえようもない不可思議な仏の化導《けどう》に助けられて、悟りを得ることができるのである。

これを、無為の功徳、無作の功徳という。これはまた菩提心を起こすことでもある。

化導＝仏道に入らしめるために衆生を教化し導くこと。
無為・無作の功徳＝たくまず・計らいのない自然の働き、また、その力。
発菩提心＝悟りを求める心を起こすこと。ほかに利益をめぐらせる願行の心。

知っておきたい葬儀・法要の知識●巻末資料

臨終から枕経まで

(1)臨終《りんじゅう》・末期《まつご》の水

臨終が確認されたら、「末期の水」をとる。割り箸《ばし》の先にガーゼか脱脂綿を白糸でくくりつけ、あるいは新しい小筆を用い水をふくませて故人のくちびるを軽く潤《うるお》す。末期の水をとる順番は、①配偶者、②子供、③両親、④兄弟姉妹、⑤親友など、の順番でおこなう。

末期の水の由来は、釈尊が入滅（亡くなる）のさい、鬼神が雪山の浄水を奉ったという故事によるといわれている。水をあたえることで、死者にもう一度よみがえってほしいという願いをこめた儀式であるとともに、永遠《とわ》の別れを確認する行為でもある。

(2)湯灌《ゆかん》

ぬるま湯で故人の体を拭き清める。現代では、アルコールをひたしたガーゼや脱脂綿を用いることが多い。本来は、「逆さ水」といって、水を入れたたらいの中にお湯を入れ、遺体を洗い、清める。かつては、水の汲《く》み方や捨て方にも決まりがあり、「左びしゃく」など、日常とは逆の作法でおこなわれていた。湯灌には、冥土の旅立ちは清らかな体で、という意味がこめられている。

(3) 死装束《しにしょうぞく》

故人が男性であればヒゲをそり、女性であればうすく化粧をし、見苦しくないよう配慮する。体内から汚物などが出ないように処理する「死化粧」が終わったら、死装束を着せる。

本来の死装束は経帷子《きょうかたびら》で、これは白木綿に経文を書いた着物である。生前に準備する人もまれにあるが、故人とゆかりの深い女性が集まって縫う習慣もあった。これ

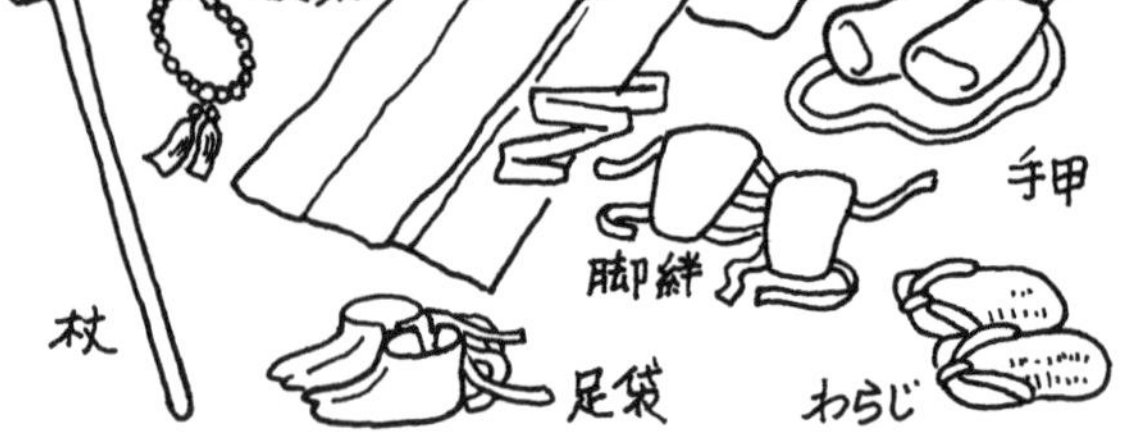

に手甲《てっこう》、脚絆《きゃはん》、額に三角の頭巾《ずきん》、足袋《たび》、わらじをはかせ、六文銭を入れた頭陀袋《ずだぶくろ》、数珠《じゅず》、杖《つえ》などをもたせた。

死装束は、修行僧の托鉢行脚の姿になぞらえ、冥土《めいど》への旅立ちの衣装という意味がある。六文銭には、仏教における「六道」を輪廻《りんね》するときの路銀という意味がこめられているが、一般的には三途の川の渡し賃などと解釈されている。なお浄土真宗は死装束を用いない。

(4)遺体の安置

遺体は北枕に寝かせる。これは釈尊が入滅したときの姿になぞらえたもの。掛け布団には、魔除けのための守り刀(短刀)を置く。枕元には「枕飾り」をしつらえる。枕飾りには、鈴《りん》、燭台《しょくだい》、花立、香炉、枕団子（上新粉でつくる)、水、枕飯（一膳飯＝故人が日常つかっていた茶碗にご飯を山盛りにして、中心に箸を立てる）を供える。屏風《びょうぶ》があれば、逆さまに立てる。

枕団子も一膳飯も、死後、すぐにつくるものとされている。これは死者はいったん息をひきとると、善光寺や霊場である寺などにお参りするといった俗信からきている。枕団子や一膳飯は、いわばお参りの道中に食べるお弁当のようなもので、箸をつきたてるのは、

「この飯は死者のものだ」というシンボルだともいわれている。

(5) 枕経《まくらぎょう》

通夜の前に、僧侶が枕飾りの前で読経し、焼香することを一般に「枕経」という。遺族や親族は僧侶の後ろに正座し、冥福《めいふく》を祈る。枕経は省略されることもあるが、通常、枕経のあとから通夜までの間に、僧侶に戒名《かいみょう》をつけてもらう。戒名は、死後の名前とされているが、本来は、仏門に入り仏の弟子になった証という意味がある。

枕経が終わると、ただちに納棺をする地域と、翌日とりおこなう地域とがある。

通夜から葬儀、告別式まで

(1) 通夜の式次第

通夜は、一般に、①一同着席、②僧侶入場、③読経、④喪主、遺族焼香、⑤列席者焼香、⑥弔問客焼香、⑦僧侶の法話、⑧喪主挨拶、⑨僧侶退場、⑩通夜ぶるまい、の順でおこなわれる。

通夜は、遺族が故人に夜を徹してつきそい、故人を慰めるとともに悪霊や魔物から守る儀礼である。遺族、親族は弔問客が帰っても、一晩中線香と灯明が途絶えないよう交互に仮眠をとりあった。弔問客は身（心）労を察して長居しないことも習わしとしてあった。

(2) 焼香《しょうこう》

焼香は、線香での焼香と抹香での焼香がある。

線香のあげ方は、まず霊前で深く合掌《がっしょう》礼拝し、通常は一本に火をつけ、左手であおるように炎を消して香炉に立てる。そしてふたたび合掌して冥福を祈る。抹香では、合掌礼拝したのち、香を軽くつまんで目の高さまで軽く額におしいただき、香炉のなかに静かにくべる。これを一回ないし三回おこなう。改めて合掌礼拝し、遺影を仰ぎ見て一礼する。三回というのは、仏・法・僧に拝礼するという意味がある。

焼香の由来は、インドの香木をたく習慣にあるといってよいだろう。インドでは部屋の悪臭をとるために、古くから香木をたいていたが、釈尊の入滅のさい、弟子たちが香木をたいて荼毘《だび》（火葬）に付《ふ》したといわれることに由来する。焼香によって部屋を清浄な香りで満たし、故人を慰め、葬儀場を仏道修行の道場に見立て、おごそかに進行することに意味がある。

(3) 数珠《じゅず》

通夜には数珠を持参する。数珠は、通常は珠が一〇八個あり、一〇八の煩悩を断つという意味があるが、五四個、三六個、二七個などに省略されたものもある。

(4) 葬儀・告別式

葬儀・告別式の式次第、儀式の形や意義は宗派や地方によって違うことも多いが、およそ次のような順序でおこなわれることが多い。

〔葬式〕

①喪主・遺族・参列者着席、②僧侶入場、③開式の辞、④読経（宗派により授戒、引導）、⑤弔辞・弔電奉読、⑥読経中に喪主・遺族・親族とくに親交の深かった友人知人の焼香、⑦僧侶退場、⑧閉式の辞。

〔告別式〕

①僧侶入場、②開式の辞、③読経、④（喪主・遺族・親族）参列者焼香、⑤僧侶退場、⑥閉式の辞。

葬儀は、本来、故人の冥福を祈って僧侶が引導等を渡す儀式で、遺族と近親者でおこなわれ、一方、告別式は、友人、知人など故人にゆかりのあった人が、焼香することで故人とお別れをする儀式であった。したがって、葬儀と告別式は別々に営まれるものであったが、現在では、一般的にはひとまとめにしておこなわれている。

⑸御布施《おふせ》

一般には、御布施は僧侶にたいする報酬、謝礼とうけとめられているが、本来は「自分のもてる範囲で、他人に施しをする」ということに意味がある。布施には、財法二施といって仏法を説いて聞かせる「法施」、金品を捧げる「財施」の二種類があり、菩薩になるためにおこなわなければならない六つの修行（六波羅蜜《ろくはらみつ》）の最初の布施波羅蜜に相当する。寺にたいする財施は、仏法興隆に寄与し、寺院運営に資することを目的としている。

出棺から火葬まで

⑴出棺《しゅっかん》

告別式が終わると、棺が祭壇からおろされ、最後の対面がおこなわれる。棺の蓋が開けられたら、最後の別れをする人たちは「別れ花」（生花）を、遺体のまわりに敷きつめていく。これが終わると、棺の釘打ちがおこなわれる。

通常、葬儀社の人によってある程度まで釘を打ち込み、そのあと、一人ずつ小石で二回打つ。石は、三途の川の石を意味し、三途の川を無事渡れるようにとの祈りをこめたものとされている。

釘打ちが終わると、棺を霊柩車《れいきゅうしゃ》に運ぶ。棺は遺体の足のほうを先にして運びだす（霊柩車にも同様に足を先に納める）のが通例だが、必ずしも一様ではない。位牌をもった喪主を先頭に、次に遺族が遺影をかかえ、棺は遺族や近親者、とくに親しかった友人知人（男性）で運ぶ。出棺のあいさつ（喪主・親族代表）が終わったら、会葬者の見送りをうけて火葬場に向かう。

(2) 納めの儀式

棺は火葬場に到着すると、かまどの前に安置され、最後の対面となる。小机には位牌や遺影、供花などが飾られる。僧侶が読経するなかで、別れの焼香を行なう。

時至って、かまに送り込まれる。火葬場によって順序が一定していないことに留意したい。

(3)骨揚《こつあ》げ

火葬が終わると、「骨揚げ」がおこなわれる。一般的には遺族と参列者が、二人一組になって、備えつけの箸で骨をひろい、骨壺に納める。遺骨は一、二片ずつひろい、最後に故人にもっとも血縁の濃い遺族が喉仏をひろう。火葬場によっては頭部、喉仏は職員が処置する。

ふだんの食事のさい、箸から箸へ食べ物を渡すのを嫌うのは、この骨揚げに由来している。なお、複数で骨揚げをおこなうのは、この世（此岸《しがん》）からあの世（彼岸《ひがん》）へ、あるいは三途の川へ〝はし（箸）渡し〟をする意味があるからともいわれている。

(4)遺骨迎え、初七日《しょなのか》の法要

自宅に残った近親者、世話係の人は、葬儀用の祭壇を片づけ、遺骨を安置する小祭壇（あと飾りの祭壇）を準備する。最近では葬儀社が代行するケースが多い。

火葬場から自宅に戻ってきた人は、「浄めの水」で手を洗い、「浄めの塩」を体にふりかけてもらう（浄土真宗系では、この作法は用いない）。遺骨は、あと飾りの祭壇中央に安置し、その前に遺影、位牌を置く。このあと、喪主、遺族、近親者、世話役、友人知人などが集まり、「還骨勤行」(遺骨迎え)の供養をおこなう。僧侶が読経をするなか焼香する。これをもって葬儀の終了を意味する儀式である。

最近では、初七日(初七日供養)を、この還骨勤行と兼ねておこなうことが一般化している。初七日の法要は、本来死亡した日をふくめ七日目におこなわれる法要のことだが、遠方からの参列者への負担などを配慮して、引き続いておこなわれることが多い。

(5) 精進《しょうじん》落とし

還骨勤行と初七日の法要が終わったら「精進落とし」がおこなわれる。現在では、精進落としは、葬儀で世話になった人々へのお礼の席という意味合いで認識されており、喪主や遺族は末席に連なるのが礼儀とされている。

本来の精進落としの由来は、忌中の遺族が肉・魚を絶ち、精進していたことに区切りをつけ、日常の暮らしにもどることを意味している。

忌明けの法要

仏教では、人が亡くなって七日ごとに七回の供養をし、この四九日間を「中陰《ちゅういん》」という。

輪廻転生の考えにもとづき、死後の行き場所が決まるまでの期間と考えられている。

四九日の第一日目を死亡日とするか、その前日にするかは、地方によって分かれる。

七日目を「初七日《しょなのか》」、一四日目を「二七日《ふたなのか》」、二一日目を「三七日《みなのか》」、以後「四七日《よなのか》」「五《いつ》七日《なのか》」「六七日《むなのか》」とよび、最後の「七七日《なななのか》」（四九日目）を、「満中陰」という。

この日で忌み日が終わったこと（忌明け）になり、あと飾りの祭壇もとりはらう。この日をもって故人は来世に至ったと信じられ、同時に遺族の忌服も終わる。

四十九日の法要では、僧侶の読経、遺族、親族、参列者の焼香、お墓参りがおこなわれるのが一般的である。最近では、納骨が四十九日の法要とあわせておこなわれることが多いので、その場合は、「納骨式」と、位牌を白木のものから塗り物にかえることにともなう「入魂式」（点眼供養）をおこなってもらうことになる。
※葬儀・法事の作法や意義づけは、宗派や地域の習慣によって異なることがあるので留意したい。

おわりに――

本書は、仏教理解の一助になれば、との思いで執筆いたしましたが、仏教情報センターでは、日本の伝統仏教教団九宗派（天台宗・真言宗古義系各派・真言宗新義系各派・浄土宗・浄土真宗本願寺派・真宗大谷派・臨済宗各派・曹洞宗・日蓮宗）の僧侶有志により、「仏教テレフォン相談」をおこなっていますので、ご案内させていただきます。

仏事、信仰、人生などについて、疑問や悩みをお気軽にご相談ください（無料）。

〔時間〕月曜～金曜、午前10時から12時、13時～16時
〔休日〕土日・祝日・春秋彼岸、7月8月お盆、年末年始は休みです。
〔担当〕月曜…臨済宗、曹洞宗／火曜…浄土真宗本願寺派、真宗大谷派／水曜…日蓮宗、木曜…浄土宗／金曜…天台宗、真言宗
〔電話〕相談電話…03・3811・7470／事務局……03・3813・6577
〔住所〕〒113－0033　東京都文京区本郷1－4－6　ヴァリエ後楽園2階
〔ホームページ〕http://bukkyo-joho.com

本書は、2001年8月に同タイトルで刊行されたKAWADE夢新書の新装版です。

お経の意味がやさしくわかる本

2020年7月20日　初版印刷
2020年7月30日　初版発行

著者◉鈴木永城

企画・編集◉株式会社夢の設計社
東京都新宿区山吹町261　〒162-0801
電話（03）3267-7851（編集）

発行者◉小野寺優

発行所◉株式会社河出書房新社
東京都渋谷区千駄ヶ谷2-32-2　〒151-0051
電話（03）3404-1201（営業）
http://www.kawade.co.jp/

DTP◉大文社

印刷・製本◉中央精版印刷株式会社

Printed in Japan　ISBN978-4-309-50408-7